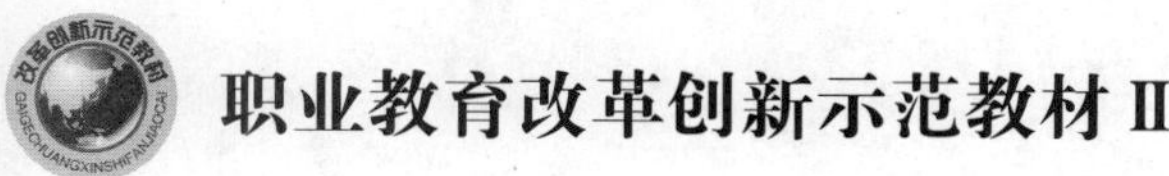

职业教育改革创新示范教材 II

# 汽车行驶系统与转向系统维修

QICHE XINGSHI XITONG YU ZHUANXIANG XITONG WEIXIU

主　编　蔡明清　李　强
副主编　王小峰　罗　伟

人民交通出版社
China Communications Press

## 内 容 提 要

本书是职业教育改革创新示范教材之一，其主要内容包括：车轮和轮胎的检查与换位、轮胎漏气的检修、转向沉重且不能回正（机械转向系统）的检修、动力转向油的检查与更换、转向不灵且有异响（动力转向系统）的检修、行驶颠簸故障的诊断与排除、整体倾斜故障的诊断与排除和行驶跑偏故障的诊断与排除。

本书可作为职业院校汽车运用与维修专业、汽车制造与检修专业的教材，也可作为相关行业的岗位培训教材。

**图书在版编目（CIP）数据**

汽车行驶系统与转向系统维修 / 蔡明清，李强主编. -- 北京：人民交通出版社，2012.9

职业教育改革创新示范教材 Ⅱ

ISBN 978-7-114-10005-5

Ⅰ. ①汽… Ⅱ. ①蔡… ②李… Ⅲ. ①汽车 - 行驶系 - 车辆修理 - 职业教育 - 教材 ②汽车 - 转向装置 - 车辆修理 - 职业教育 - 教材 Ⅳ. ①U472.41

中国版本图书馆 CIP 数据核字（2012）第 191479 号

职业教育改革创新示范教材 II

**书　　名**：**汽车行驶系统与转向系统维修**
**著 作 者**：蔡明清　李　强
**责任编辑**：戴慧莉
**出版发行**：人民交通出版社
**地　　址**：（100011）北京市朝阳区安定门外外馆斜街 3 号
**网　　址**：http://www.ccpress.com.cn
**销售电话**：（010）59757969、59757973、85285659
**总 经 销**：人民交通出版社发行部
**经　　销**：各地新华书店
**印　　刷**：北京鑫正大印刷有限公司
**开　　本**：787 × 1092　1/16
**印　　张**：10.25
**字　　数**：178 千
**版　　次**：2012 年 9 月　第 1 版
**印　　次**：2012 年 9 月　第 1 次印刷
**书　　号**：ISBN 978-7-114-10005-5
**定　　价**：22.00 元

# 前言 QIANYAN

《国家中长期教育改革和发展规划纲要(2010—2020年)》中提出:大力发展职业教育,把职业教育纳入经济社会发展和产业发展规划,把提高质量作为重点;以服务为宗旨,以就业为导向,推进教育教学改革。实行工学结合、校企合作、顶岗实习的人才培养模式;满足人民群众接受职业教育的需求,满足经济社会对高素质劳动者和技能型人才的需要。

职业教育的发展已作为国家当前教育发展的战略重点之一,但目前学校所使用的教材普遍存在以下几个方面的问题:

(1)学生反映难理解,教师反映不好教;

(2)企业反映脱离实际,与他们的需求距离很大;

(3)不适应新一轮教学改革的需要,汽车车身修复、汽车商务、汽车美容与装潢等专业教材急缺;

(4)立体化程度不够,教学资源质量不高,教学方式相对落后。

针对以上问题,结合人民交通出版社汽车类专业教材的出版优势,我们开发了"职业教育改革创新示范教材"。本套教材以"积极探索教学改革思路,充分考虑区域性特点,提升学生职业素质"的指导思想,采用职教专家、行业一线专家、学校教师、出版社编辑"四结合"的编写模式。教材内容的特点是:准确体现职业教育特点(以工作岗位所需的知识和技能为出发点);理论内容"必需、够用";实训内容贴合工作一线实际;选图讲究,易懂易学。

该套教材将先进的教学内容、教学方法与教学手段有效地结合起来,形成课本、课件(部分课程配)和习题集(部分课程配)三位一体的立体教学模式。

本书由武汉市交通学校蔡明清、湖北十堰职业技术(集团)学校李强担任主编,由武汉市交通学校王小峰、罗伟担任副主编,参加编写的还有武汉市交通学校的杨泽、冯汉喜和向志伟。

限于编者的经历和水平,书中难免有不妥或错误之处,敬请广大读者批评指正,提出修改意见和建议,以便再版修订时改正。

**职业教育改革创新示范教材编委会**

**2012年1月**

# 目录 CONTENTS

# 学习任务一

## 车轮和轮胎的检查与换位

**学习目标**

完成本学习任务后,你应当能:

1. 叙述车轮的组成与作用;
2. 明确轮胎的类型与作用;
3. 能根据给定的轮胎技术要求,对轮胎状态进行检测;
4. 正确地使用工具与设备;
5. 根据维修手册,安全规范地对车轮进行维护。

**建议完成本学习任务的时间为 4 课时。**

### 学习任务描述

一辆爱丽舍 1.6L 轿车,车主反映最近发现该车前轮胎面磨损一侧比另一侧严重。请你对车轮进行检测,确定故障部位并进行修理。

### 学习内容

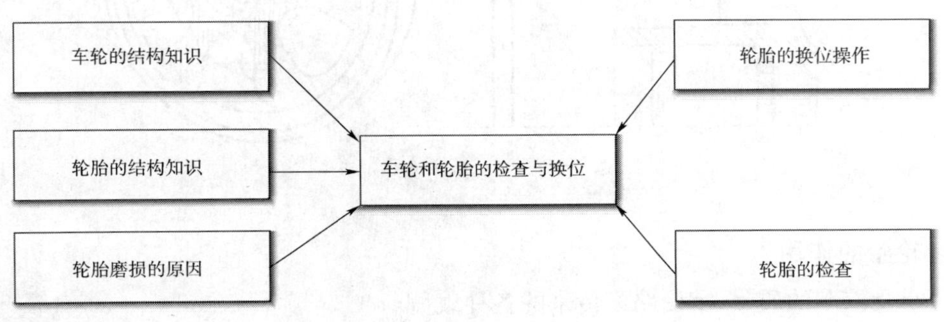

# 一、资料收集

## 引导问题 1　车轮与轮胎的作用是什么？其结构是怎样的？

### 1 车轮的作用

车轮的作用是安装轮胎，承受轮胎与车桥之间的各种载荷。

### 2 车轮的结构

车轮由轮毂、轮辋以及轮辐所组成。轮辐为轮毂和轮辋之间的连接部分，按照轮辐结构形式的不同，车轮又分为辐板式和辐条式两种。辐板式车轮如图 1-1 所示，辐条式车轮如图 1-2 所示。

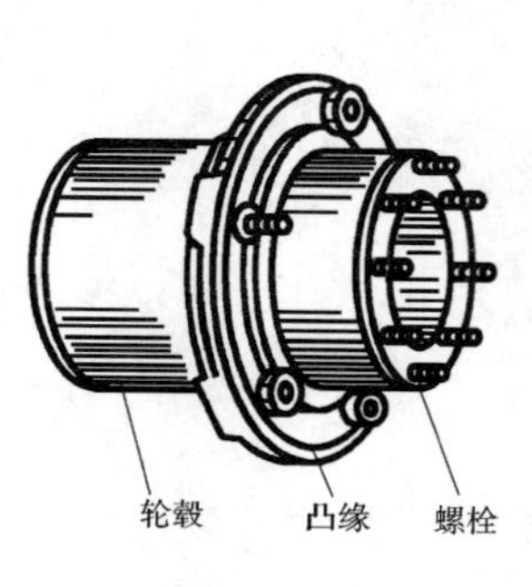


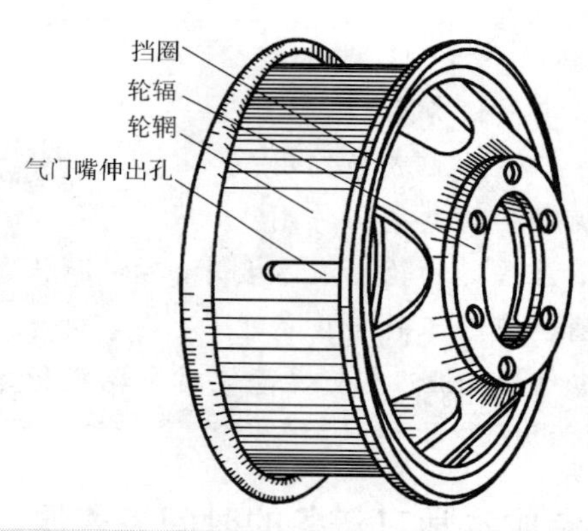


图 1-1　辐板式车轮

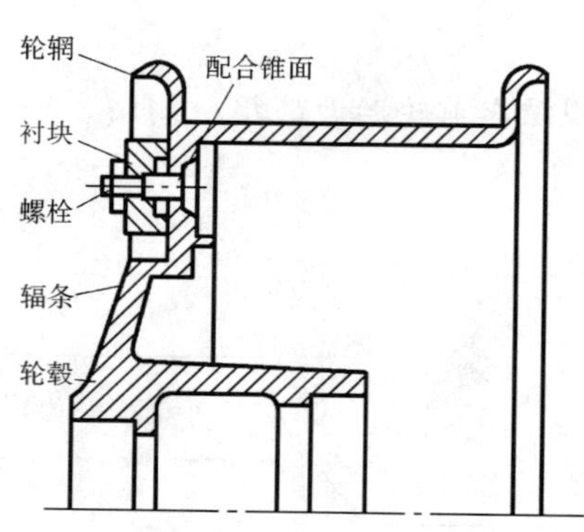


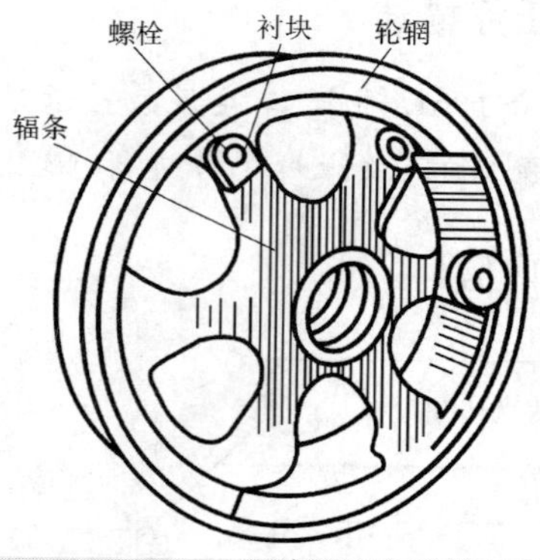


图 1-2　辐条式车轮

### 3 轮胎的作用

(1) 承受汽车的质量，承受路面传来的各种载荷。

(2)当汽车行驶时,路面不平引起冲击和振动,要求轮胎与悬架一齐起缓和冲击的作用,保证汽车行驶的平稳性。

(3)保证车轮和路面接触具有良好的附着性,提高汽车的动力性、制动性和通过性,保持汽车行驶稳定性。

## 4 轮胎的类型与结构

按轮胎的气压大小,可分为高压胎(0.5 ~0.7MPa)、低压胎(0.15 ~0.45MPa)和超低压胎(0.15MPa 以下)三种。

按保持空气的方法不同,充气轮胎可分为有内胎轮胎和无内胎轮胎两种。

(1)有内胎的充气轮胎由外胎、内胎和垫带组成,如图 1-3 所示。

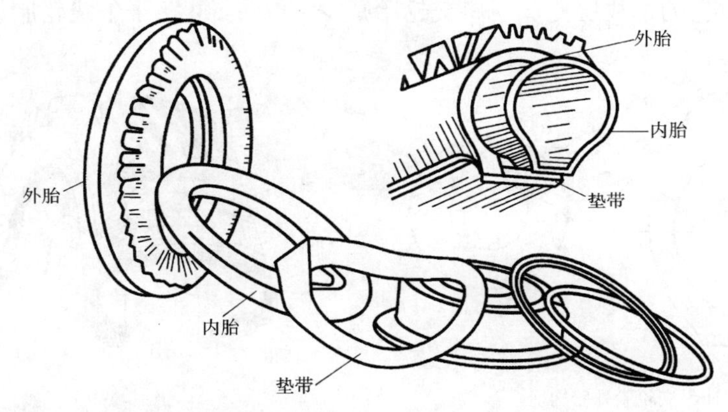


图 1-3 有内胎的充气轮胎组成

(2)无内胎轮胎外形与有内胎轮胎近似,如图 1-4 所示。

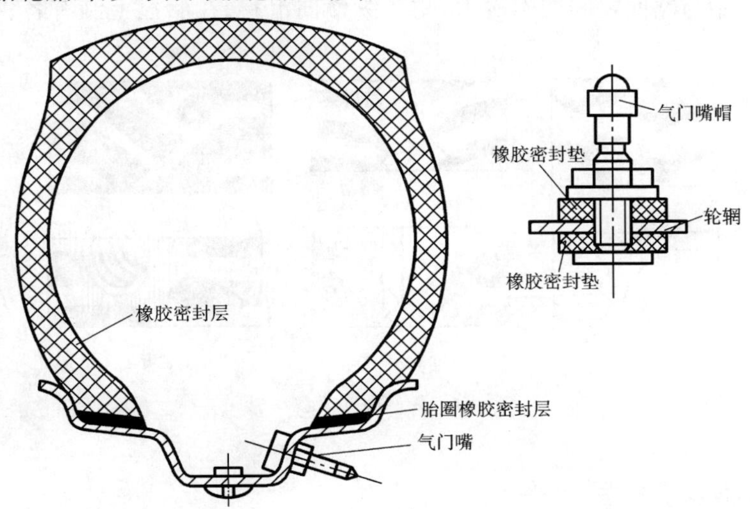


图 1-4 无内胎轮胎

无内胎轮胎没有内胎和垫带，空气直接充入外胎中，密封由外胎、轮辋及两者之间的紧密嵌合保证。在胎圈外侧附有一层橡胶密封层，用于增加外胎与轮辋之间的密封性。轮辋底部涂有均匀的漆层，气门嘴直接固定在轮辋上，用橡胶密封垫和旋紧螺母密封。它可通过轮胎轮辋散热，工作温度低，适于高速行驶，目前，轿车广泛使用此种轮胎。

按胎体帘线排列方向的不同，充气轮胎分为普通斜交轮胎和子午线轮胎。

(1)普通斜交轮胎主要是指帘线与轮胎中心断面的交角为52°～54°，相邻层的帘线交叉排列。帘线可以是棉线、人造丝、尼龙和钢丝。

外胎是用耐磨橡胶制成强度较高而又有弹性的外壳，直接与地面接触。保护着内胎使其不受损伤。普通斜交轮胎的外胎由胎面、帘布层、缓冲层及胎圈等组成，如图1-5所示。

(2)子午线轮胎主要指帘线排列方向与轮胎中心断面一致，这种排列可使帘线的强度得到充分利用，所以它的帘线层比普通斜交轮胎减少40%～50%，子午线轮胎如图1-6所示。

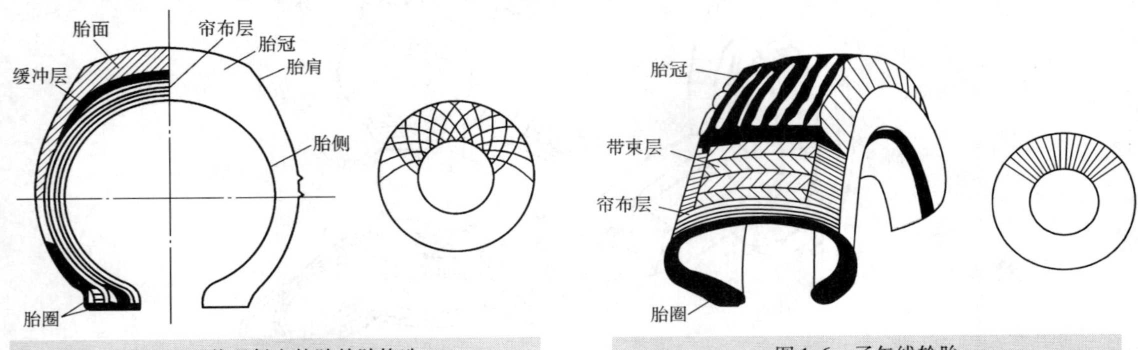


图1-5　普通斜交轮胎外胎构造

图1-6　子午线轮胎

子午线轮胎的特点是弹性大，滚动阻力小，耐磨性好，附着性好，缓冲性好，承载能力大，胎面不易穿刺。它的不足之处是胎侧易裂口，侧向稳定性差，生产成本高。

为了增加轮胎与路面之间的附着力，防止纵横向滑移，在胎冠上制有各种形式的花纹，如图1-7所示。

图1-7　轮胎的花纹

## 5 轮胎规格表示方法

充气轮胎的尺寸标注，如图1-8所示。

(1)传统方法是以符号相连的两组数字来标记轮胎,第一组数字表明断面宽度,第二组表示轮辋直径。

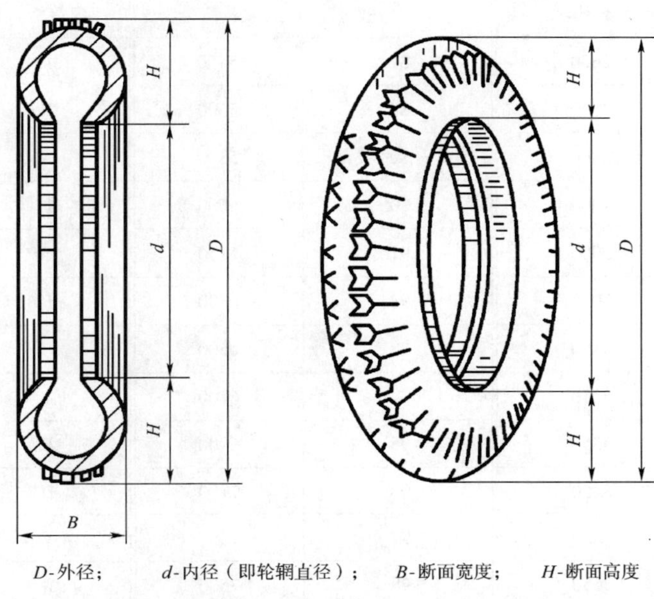


D-外径；　d-内径（即轮辋直径）；　B-断面宽度；　H-断面高度

图1-8　充气轮胎的尺寸标注

高压胎用两个数字之间加一乘号来表示,即

低压胎用两个数字和中间一个对开线分开,即

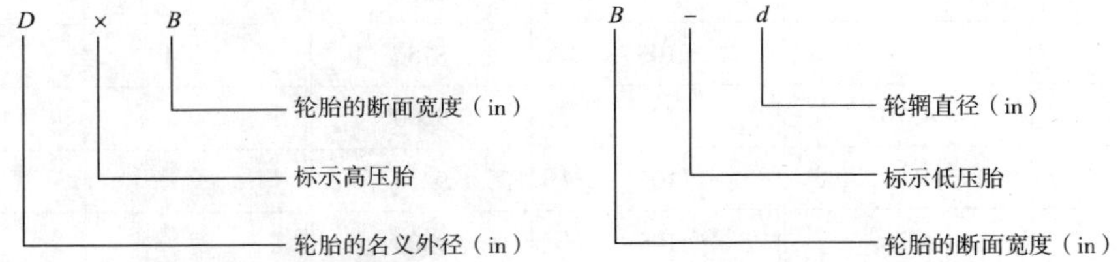


超低压胎的表示方法与低压胎相同。

如果是子午线轮胎,连接两组数字的"－"通常以R字母代替。两组数字均采用英制单位表示,如11.00R22.5。

(2)国际标准以轮胎断面宽度(mm)、轮胎扁平率(%)、轮胎结构代号(如R代表子午线轮胎)和轮辋直径代号(in)四项表示为主,再加其他参数。举例及说明如下:

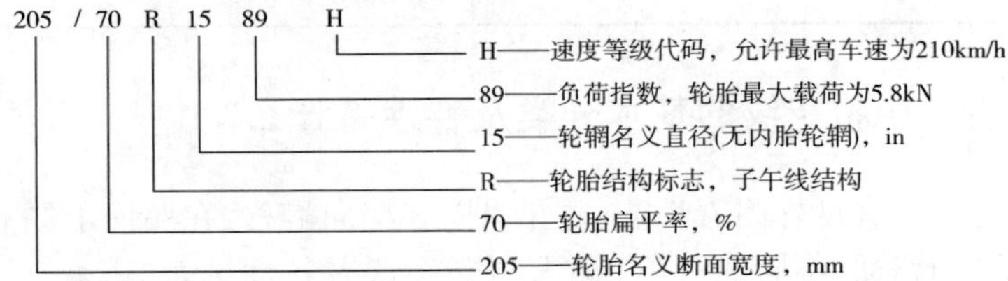

(3)轮胎负荷指数和速度等级代码,见表1-1。

轮胎负荷指数和速度等级代码表　　表1-1

| 负荷指数 | 最大载荷(kN) | 负荷指数 | 最大载荷(kN) | 速度等级代码 | 最高车速(km/h) |
|---|---|---|---|---|---|
| 62 | 2650 | 87 | 5450 | L | 120 |
| 63 | 2720 | 88 | 5600 | M | 130 |
| 64 | 2800 | 89 | 5800 | N | 140 |
| 65 | 2900 | 90 | 6000 | P | 150 |
| 66 | 3000 | 91 | 6150 | Q | 160 |
| 67 | 3070 | 92 | 6300 | R | 170 |
| 68 | 3150 | 93 | 6500 | S | 180 |
| 69 | 3250 | 94 | 6700 | T | 190 |
| 70 | 3350 | 95 | 6900 | U | 200 |
| 71 | 3450 | 96 | 7100 | H | 210 |
| 72 | 3550 | 97 | 7300 | V | 240 |
| 73 | 3650 | 98 | 7500 | W | 270 |
| 74 | 3750 | 99 | 7750 | VR | >210 |
| 75 | 3870 | 100 | 8000 | ZR | >240 |
| 76 | 4000 | 101 | 8250 | | |
| 77 | 4120 | 102 | 8500 | | |
| 78 | 4250 | 103 | 8750 | | |
| 79 | 4370 | 104 | 9000 | | |
| 80 | 4500 | 105 | 9250 | | |
| 81 | 4620 | 106 | 9500 | | |
| 82 | 4750 | 107 | 9750 | | |
| 83 | 4870 | 108 | 10000 | | |
| 84 | 5000 | 109 | 10300 | | |
| 85 | 5150 | 110 | 10600 | | |
| 86 | 5300 | 111 | 11200 | | |

## 引导问题2　轮胎花纹的基本分类及特性是什么?

为使轮胎与地面具有良好附着性能,防止纵向和横向滑移,在胎面上制有各种花纹。不同的花纹适应不同的路面、不同的汽车。轮胎花纹分类及特性见表1-2。

轮胎花纹的基本分类及特性　　表1-2

| 花纹类型 | 特　点 | 适应车型 |
| --- | --- | --- |
| 纵向花纹 | 以圆周直沟为主的花纹。它的滚动阻力小、操作稳定性好,噪声低,排水性好,不易侧滑。但制动力及驱动力较差 | 适用于较好路况,用于客车及轻型货车 |
| 横向花纹 | 以横沟为主的花纹。有良好的驱动力、制动力及牵引力,耐磨性极佳。但操纵性及排水性较差 | 工程机械及重型货车 |
| 综合花纹 | 纵横沟花纹。排水性好,各性能介于纵横向花纹之间,占轮胎市场的主流 | 适用于多种道路,用于轿车、客车、轮型货车及休闲越野车 |

## 引导问题3　车轮的磨损是怎样产生的?

车轮的磨损主要是车轮与路面接触时的状况不同所产生。车轮通过悬架系统安装在汽车上,形成了一定的几何关系,称之为车轮定位。其车轮外倾和车轮前束确定了车轮与路面的接触状况。汽车使用后,定位参数的改变、轮胎气压的不合适,都会使轮胎两侧的磨损情况不同。同时,现代轿车大多采用发动机前置前轮驱动的布置形式,这种布置加大了前轴的载荷比例,兼之前轮为转向轮,其转向和自动回正时都会产生较大的横向摩擦力,使得前轮的磨损比后轮的磨损严重。

## 引导问题4　轮胎的胎压及花纹深度有何要求?

一般来说,每种车型对胎压的要求是不一样的,即使是同一辆汽车,前后轴车轮的胎压要求也不一样。常见汽车的轮胎气压见表1-3。标准胎压可以在用户手册或驾驶室车门的纵梁标示上查询。胎压偏高、偏低都会造成轮胎的异常磨损,减少轮胎的使用寿命。

图1-9　轮胎磨耗标记

轮胎花纹深度是指花纹最表面至花纹沟底的距离。在花纹的纵贯沟内有轮胎“磨耗标记”,如图1-9所示。

常见汽车的轮胎气压(kPa)　　表1-3

| 车　型 | 前轮胎压 | 后轮胎压 |
| --- | --- | --- |
| 爱丽舍轿车 | 250 | 240 |
| 卡罗拉轿车 | 220 | 220 |
| 桑塔纳轿车 | 230 | 250 |

当轿车轮胎磨耗到胎面花纹沟深仅剩1.6mm时,就必须更换。这时纵贯胎面的“磨耗标记”胶条便会明显显露出来,表示应该马上更换轮胎。否则,行驶时轻则轮胎会出现打滑现象,延长制动距离;严重时,当轮胎在湿滑路面上行驶时,易产生“浮滑现象”,造成转向盘

及制动失灵，引发安全事故，同时也易引发爆胎事故。

**引导问题 5　对轮胎进行换位的方式是怎样的？**

由于汽车在行驶过程中，前后轮的载荷、受力及功能不同，因而汽车轮胎的磨损不同，为保持同一辆车的轮胎磨损均匀，延长轮胎的使用寿命，并使寿命趋于一致，轮胎应定期换位。爱丽舍轿车轮胎每行驶 15000 ~ 20000km 应进行换位。轮胎换位根据轮胎的不同特点采用不同的换位方式。轮胎换位的方式较多，这里只介绍图 1-10 所示的换位方式。东风雪铁龙爱丽舍轿车按前轮驱动车的方式进行轮胎换位。

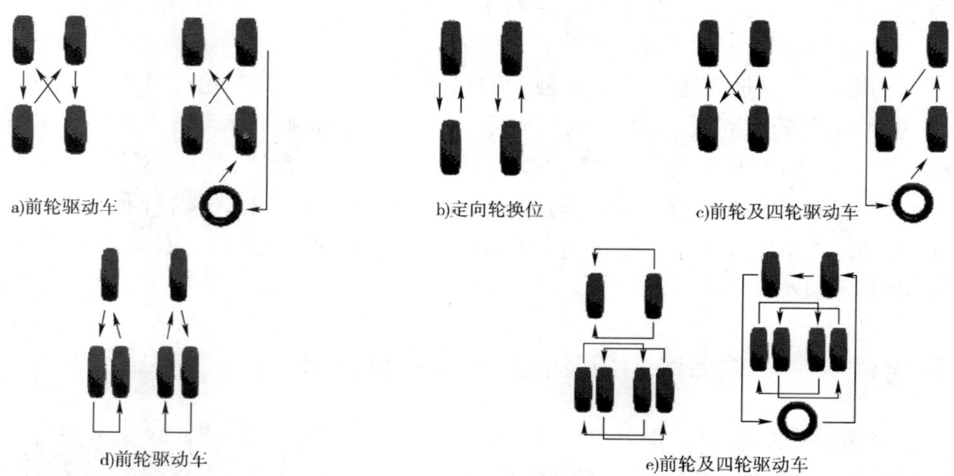


图 1-10　几种轮胎的换位方式

## 二、实施作业

**引导问题 6　通过查询与查找填写以下信息。**

利用爱丽舍轿车维修手册的车辆识别图，查找如下信息，如图 1-11 所示。

生产年份____________，车牌号码____________，车型____________，行驶里程____________，汽车识别代码（VIN）____________，发动机型号和排量____________。

**引导问题 7　作业时需要哪些工具、材料和设备？**

（1）套筒（19mm）、可调式扭力扳手、短接杆、气动冲击扳手。

（2）胎压表、胎纹深度尺、气源、举升机、干净抹布。

（3）爱丽舍轿车维修手册。

依据5S原则，将本任务所需的工具从工具箱中清理出来，放在工具车上，如图1-12所示。

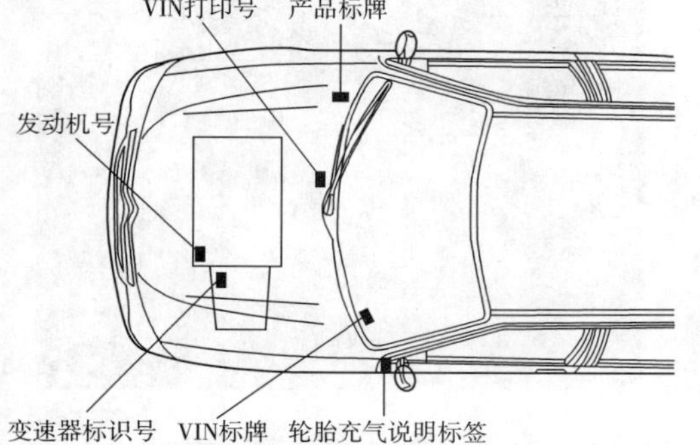


图1-11　爱丽舍轿车的车辆识别

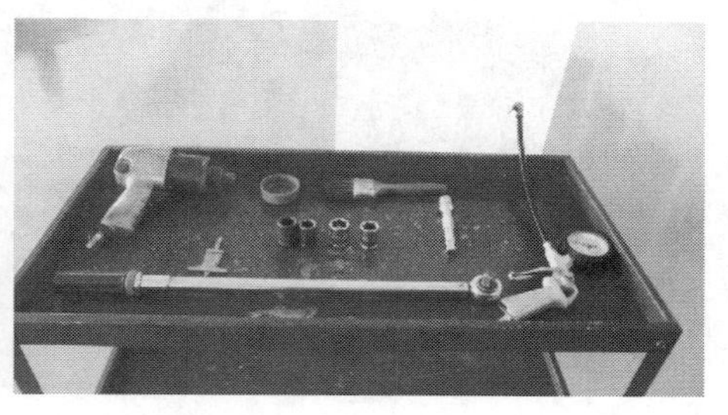

图1-12　工具车

## 引导问题8　作业前的准备有哪些？

（1）汽车进入工位前，将工位清理干净，如图1-13所示。

（2）将汽车停在举升机中央位置，如图1-14所示。

图1-13　清洁工位

图1-14　停放车辆

（3）安装防护五件套，即转向盘套、驾驶人座椅套、脚垫（纸制）、变速杆套、驻车制动器操纵杆套，如图1-15～图1-19所示。

图1-15　安装转向盘套

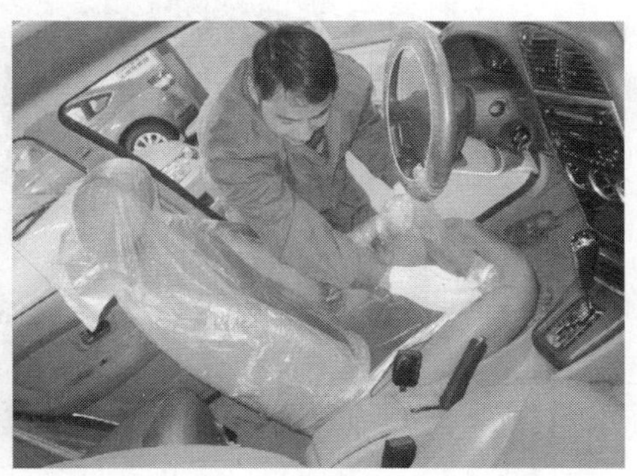

图1-16　安装座椅套

图 1-17　安装脚垫

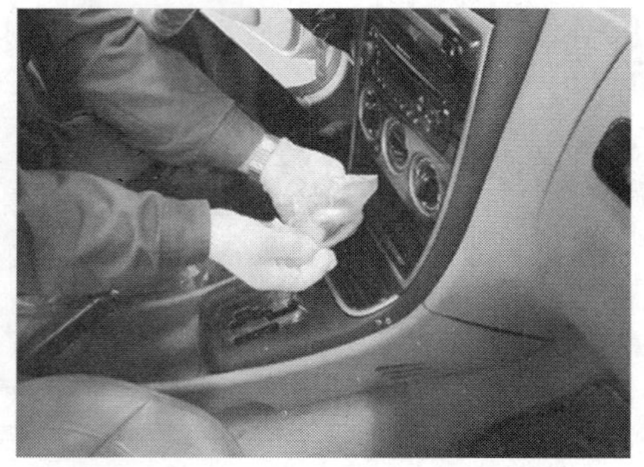

图 1-18　安装变速杆套

(4)拉紧驻车制动器操纵杆,并将变速杆置于空挡或驻车挡(P 位),如图 1-20、图 1-21 所示。

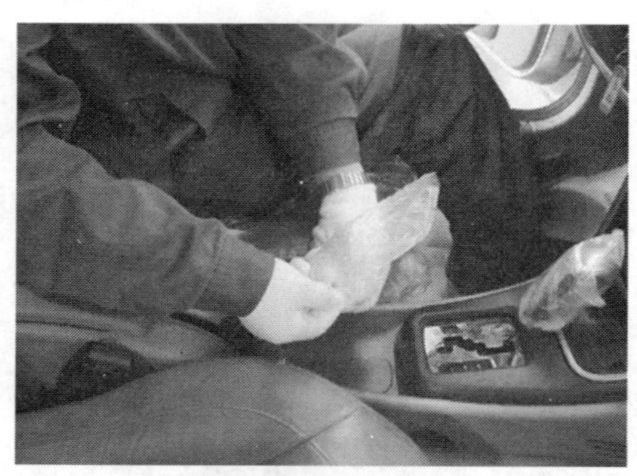

图 1-19　安装驻车制动器操纵杆套

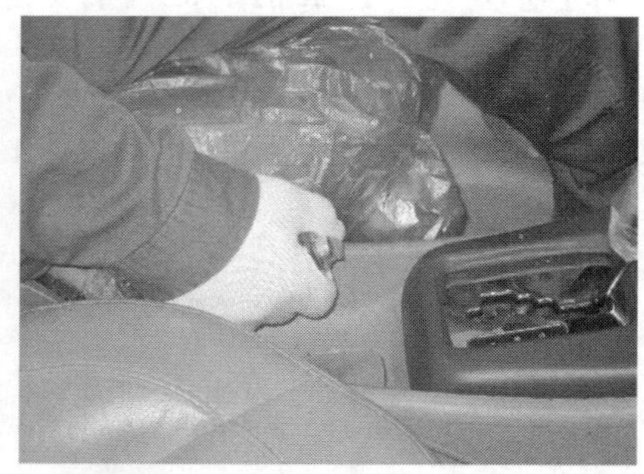

图 1-20　拉紧驻车制动器操纵杆

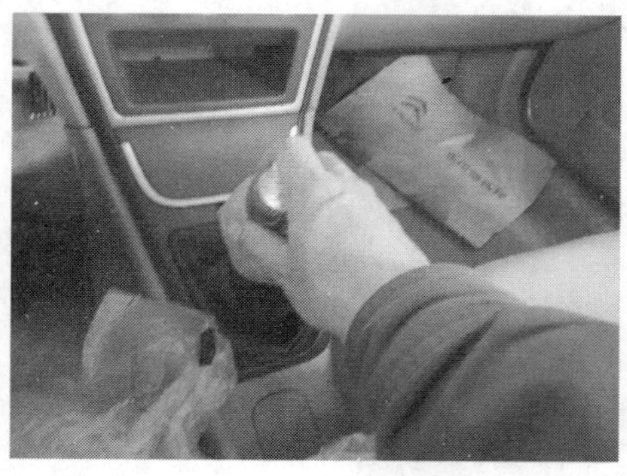

图 1-21　变速杆置于空挡或驻车挡位

## 引导问题 9　如何对车轮进行换位和检查?

爱丽舍轿车轮胎换位方式:按前轮驱动车的方式进行互换,如图 1-22 所示。

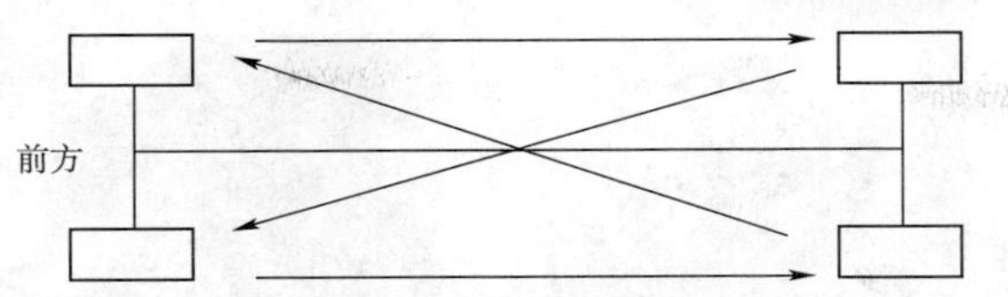


图 1-22　爱丽舍轿车轮胎换位方式

## 1 爱丽舍轿车轮胎换位作业步骤(两人合作完成)

(1)预松轮胎螺栓。车辆未举升时,扭力扳手调整至最大扭力进行预松,如图 1-23 所示。

(2)安装举升机支撑臂至车身举升处,如图 1-24 所示。

图 1-23　预松轮胎螺栓

图 1-24　安装举升机支撑臂至车身举升处

(3)确定支撑安全可将汽车举升(一人观察确认,另一人操纵举升机),如图 1-25 所示。

(4)将汽车举升少许,检查支撑是否可靠,如图 1-26 所示。

图 1-25　确定支撑安全

图 1-26　检查支撑是否可靠

(5)将汽车举升至合适高度,打开油缸阀门,使举升机保险锁锁止可靠,如图 1-27 所示。

(6)将冲击扳手与气管连接,调整旋向至反时针方向,如图 1-28 所示。

(7)两人合作,拆卸轮胎,如图 1-29 所示。

(8)将左前轮移至左后,如图 1-30 所示。

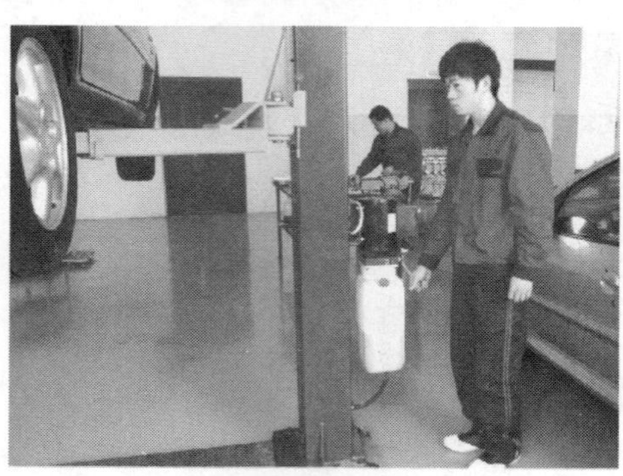

图 1-27　举升机保险锁锁止可靠

图 1-28　冲击扳手与气管连接

图 1-29　两人合作,拆卸轮胎

图 1-30　左前轮移至左后

(9)将左后轮移至右前,如图 1-31 所示。

(10)将右前轮移至左后,如图 1-32 所示。

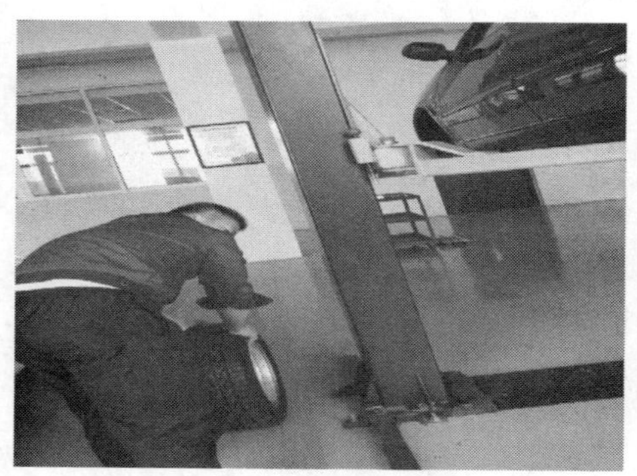

图 1-31　左后轮移至右前

图 1-32　右前轮移至左后

(11)将右后轮移至左前,如图 1-33 所示。

(12)调整冲击扭力扳手至顺时针方向,如图 1-34 所示。

(13)安装轮胎,如图 1-35 所示。

(14)将汽车举升少许,如图 1-36 所示。

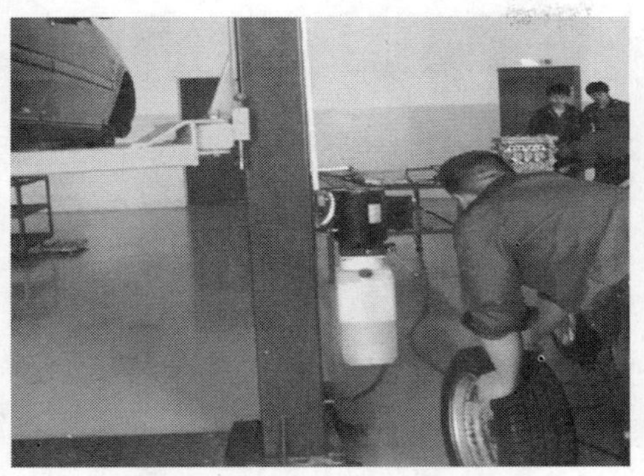
图 1-33　右后轮移至左前

图 1-34　调整冲击扭力扳手至顺时针方向

图 1-35　安装轮胎

图 1-36　汽车举升少许

(15)解除举升机保险,如图 1-37 所示。

(16)打开油缸阀门,汽车完全落地,如图 1-38 所示。

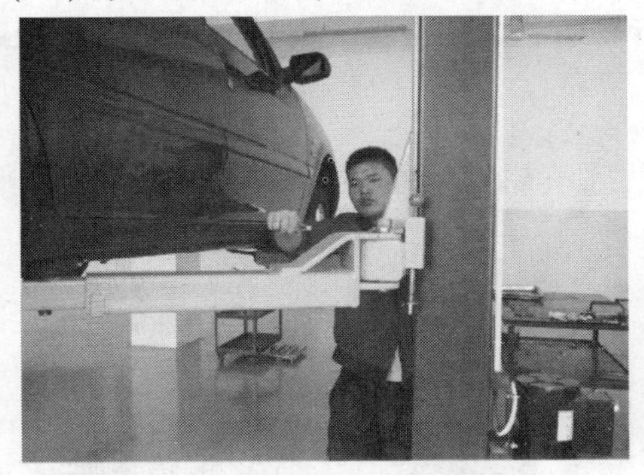
图 1-37　解除举升机保险

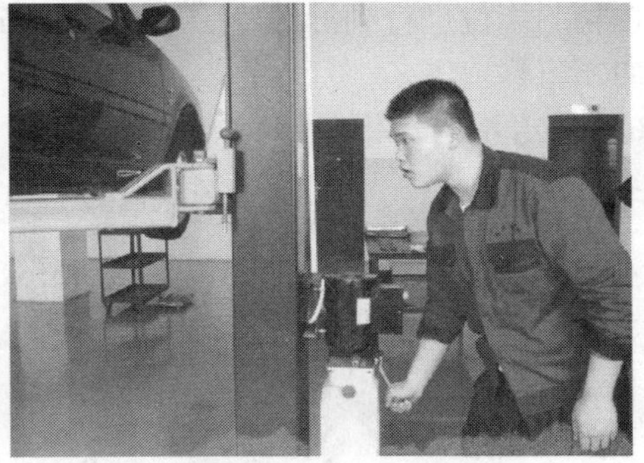
图 1-38　汽车完全落地

(17)调整可调式扭力扳手至 90N · m,如图 1-39 所示。

(18)按交叉方式紧固轮胎螺栓,如图 1-40 所示。

(19)整理举升机支撑臂归位,如图 1-41 所示。

(20)放松驻车制动器操纵杆,如图 1-42 所示。

(21)清洁整理工具,如图 1-43 所示。

图 1-39　可调式扭力扳手至 90N·m

图 1-40　紧固轮胎螺栓

图 1-41　举升机支撑臂归位

图 1-42　放松驻车制动器操纵杆

## 2 对轮胎进行检查

在轮胎换位进行到拆卸轮胎步骤后,应进行轮胎状况的检查。在自制的轮胎检查架上进行如下步骤。

(1)清洁轮辋,如图 1-44 所示。

图 1-43　清洁整理工具

图 1-44　清洁轮辋

(2)检查螺纹孔是否损伤,如图 1-45 所示。

(3)检查轮辋边缘是否变形,如图 1-46 所示。

图1-45　检查螺纹孔

图1-46　检查轮辋

(4)检查轮胎侧面是否损伤,如图1-47所示。

(5)清除轮胎花纹上的夹杂物,如图1-48所示。

图1-47　检查轮胎侧面

图1-48　清除轮胎的夹杂物

(6)测量轮胎花纹的深度(每个花纹沟测量三点,间隔120°),如图1-49所示。

(7)检查轮胎气压及充气。如果气压不足应按标准补足,备胎气压应高于使用中轮胎的气压,如图1-50所示。

图1-49　测量轮胎花纹的深度

图1-50　检查轮胎气压与充气

(8)检查气门嘴是否漏气、气门帽是否齐全,如发现损坏或缺少应立即修理或补齐,如图

1-51 所示。

(9)检漏后再次清洁车轮，如图 1-52 所示。

图 1-51　检查气门嘴是否漏气

图 1-52　再次清洁车轮

(10)清洁整理工具，如图 1-53 所示。

图 1-53　清洁整理工具



## 三、评价反馈

1. 对本学习任务进行评价：各小组人员对学习本学习任务时的表现情况依据评分表进行评价，见表 1-4。

评　分　表　　　　表 1-4

| 考核项目 | 评分标准 | 分　数 | 学生自评 | 小组评价 | 教师评价 | 小　计 |
| --- | --- | --- | --- | --- | --- | --- |
| 团队合作 | 是否和谐 | 5 | | | | |
| 活动参与 | 是否主动 | 5 | | | | |
| 安全生产 | 有无安全隐患 | 10 | | | | |
| 现场 5S | 是否做到 | 10 | | | | |
| 任务方案 | 是否合理 | 15 | | | | |

续上表

| 考核项目 | 评分标准 | 分数 | 学生自评 | 小组评价 | 教师评价 | 小计 |
|---|---|---|---|---|---|---|
| 操作过程 | 1. 作业前的准备；<br>2. 各个车轮的检查；<br>3. 轮胎的换位 | 30 | | | | |
| 任务完成情况 | 是否圆满完成 | 5 | | | | |
| 操作过程 | 是否标准规范 | 10 | | | | |
| 劳动纪律 | 是否严格遵守 | 5 | | | | |
| 工单填写 | 是否完整、规范 | 5 | | | | |
| 总分 | | 100 | | | | |
| 教师签名 | | | | 得分 | | |

2. 在实施作业的过程中是否存在一些安全隐患？请找出容易忽视的地方。

3. 口述本次操作维护的流程。

## 四、学习拓展

1. 查阅资料，说明卡罗拉轿车、桑塔纳轿车的轮胎换位周期。

2. 除了本学习任务中轮胎的一侧比另一侧磨损多的情况以外，还有哪些磨损情况？

3. 分析转向轮异常磨损的原因。

4. 如何处理轮胎胎体漏气的情况？

# 学习任务二

## 轮胎漏气的检修

**学习目标**

学习完本任务后，你应该能：

1. 根据轮胎的状况分析故障原因；
2. 正确检查轮胎漏气部位；
3. 了解轮胎修复的条件；
4. 掌握轮胎解体、安装的方法；
5. 掌握轮胎修补的方法；
6. 正确使用轮胎检测与维修的工具、设备；
7. 掌握车轮动平衡的检测方法。

**建议完成本学习任务的时间为 10 课时。**

### 学习任务描述

一辆爱丽舍 1.6L 轿车，车主反映最近发现该车前左轮有慢漏气的地方，经常需要加气。请你对车轮进行检测，确定故障部位并进行修理。

### 学习内容

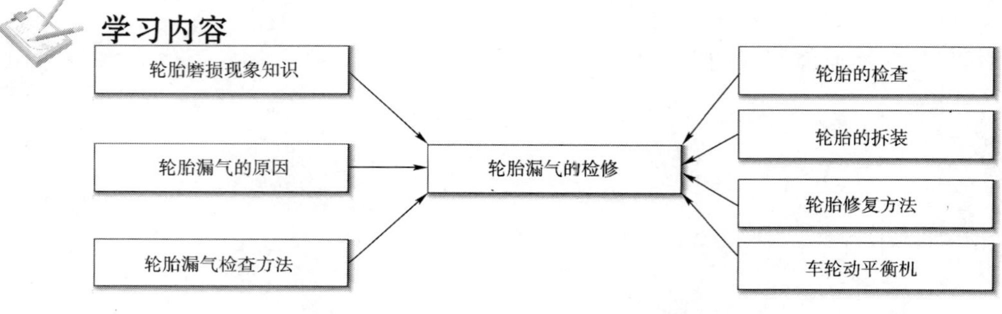

# 一、资料收集

## 引导问题 1 轮胎异常磨损有哪些?

### 1 轮胎两边胎肩磨损

若轮胎的充气量经常不足,或者汽车长期超负荷行驶,致使充气量小或负荷大时,轮胎的中间会出现凹陷,将负载荷转移到胎肩上,因此胎肩的磨损比轮胎中间磨损严重,如图 2-1 所示。

### 2 轮胎中间磨损

轮胎经常充气压力过高时,中间会凸出,将承受较大负荷,导致轮胎中间磨损比胎肩的磨损严重,如图 2-2 所示。

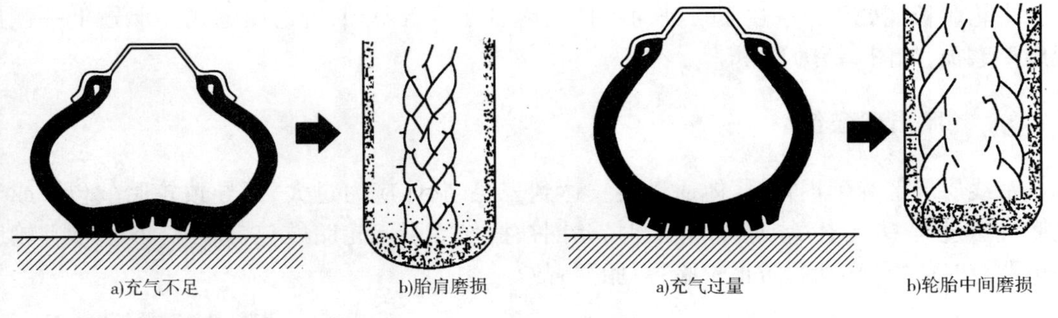


图 2-1　轮胎两边胎肩磨损

图 2-2　轮胎中间磨损

### 3 轮胎单肩磨损

轮胎外侧或内侧的过快磨损,与车轮的外倾角大小有关。若胎冠外侧偏磨损,说明车轮外倾角过大;若胎冠内侧偏磨损,也说明车轮外倾角过大(负外倾角),如图 2-3 所示。

### 4 胎冠出现锯齿形磨损

胎冠由外侧向内侧或由内侧向外侧呈锯齿形磨损,如图 2-4 所示,与前束调整不当有关。若胎冠由外侧向内侧呈锯齿形磨损,说明前束过大;若胎冠由里侧向外侧呈锯齿形磨损,也说明前束过大(负前束)。

**小知识:** 悬架杆系的变形或接头的松旷,会改变车轮前束的大小,更换轮胎时应先调整好前束值符合规定。

## 5 轮胎出现斑秃形磨损

这种磨损与车轮的动不平衡状况有关。当不平衡的车轮高速转动时，个别部位受力大，车轮的振动引起轮胎的定向磨损，导致斑点磨损，如图 2-5a）所示。

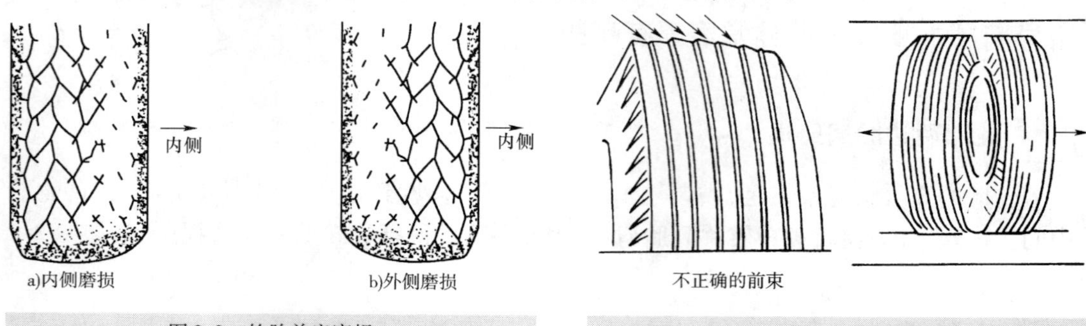


图 2-3 轮胎单肩磨损

图 2-4 锯齿形磨损

## 6 轮胎的扇形磨损

当轮胎长期处于某一位置行驶而不换位或悬架位置不当，容易引起轮胎胎冠上一侧出现扇形磨损，如图 2-5b）所示。

## 7 轮胎出现鼓包

帘线层局部受到损害，气体通过裂纹达到表层，胎体应力过大，而导致轮胎鼓包。或当轮胎气压过高、人工补胎或拆装轮胎时，胎圈被撬伤等引起轮胎鼓包，如图 2-6 所示。轮胎鼓包严重时应更换轮胎，防止轮胎“爆胎”事故。

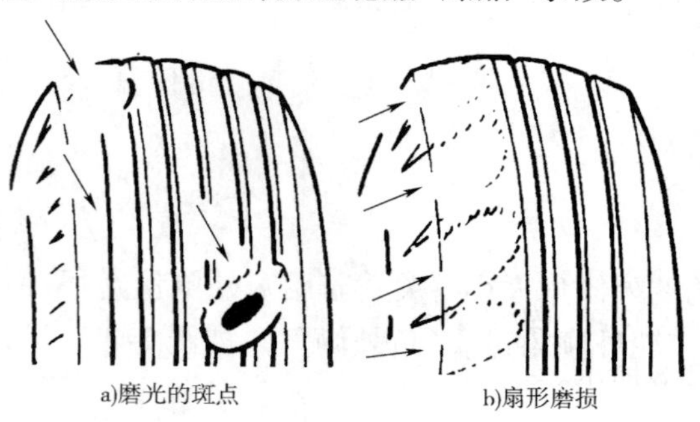


图 2-5 轮胎的斑点及扇形磨损

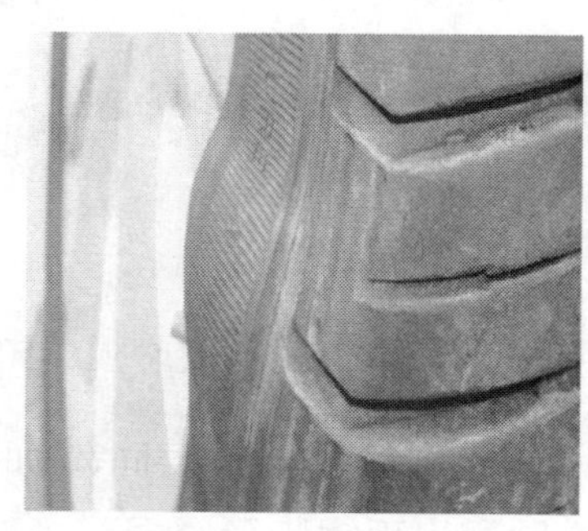

图 2-6 轮胎鼓包

## 8 胎面磨损极限

轮胎的均匀磨损是正常现象，一旦花纹磨干（到了花纹的极限标志规定），说明轮胎必须更换，参见图 1-9。

## 引导问题2 引起车轮漏气的原因有哪些？

轮胎漏气的原因有如下方面：

(1)车轮与硬物发生冲撞或在瘪胎状态下行驶后，轮胎的橡胶层会有严重划痕，影响密封程度；

(2)胎冠及胎肩上有扎上钉子等尖锐物，如图2-7所示；

(3)轮胎气门安装不好；

(4)轮辋有裂纹；

(5)轮辋与轮胎接合不严实。

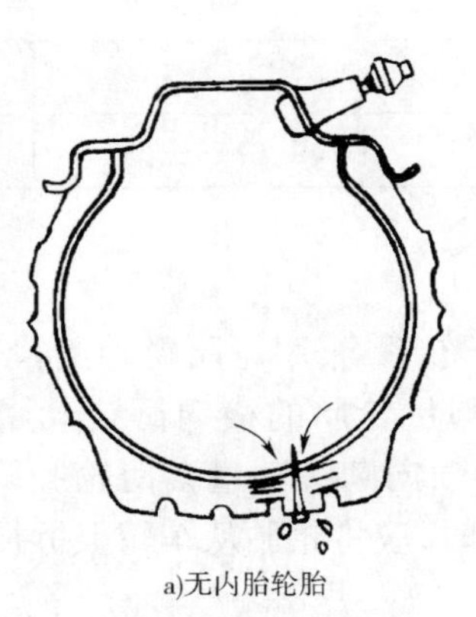
a)无内胎轮胎

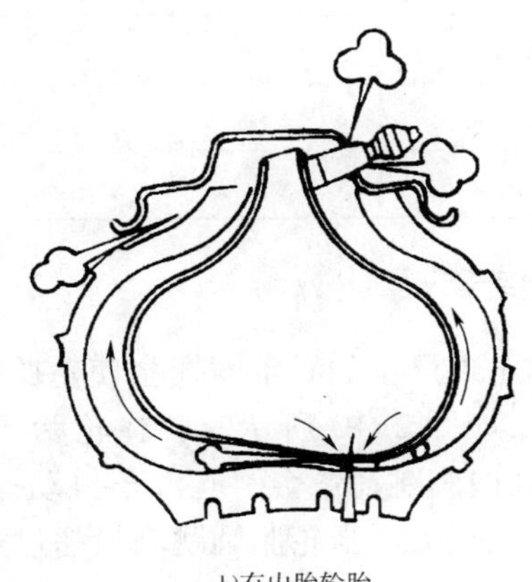
b)有内胎轮胎

图2-7　轮胎刺穿后的漏气情况

## 引导问题3 轮胎漏气都可以修复吗？

尖锐物刺穿轮胎而导致轮胎漏气是最常见的故障。这种漏气故障通过修复，效果往往是令人满意的。但是，如果刺孔直径过大，或刺孔在胎的侧壁上，则不可修复。轮胎刺孔的可修复区间大致与带束层同宽，如图2-8所示。

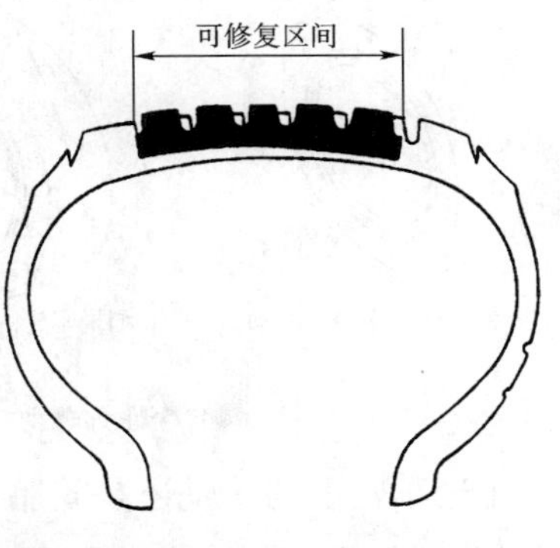

图2-8　轮胎刺孔的可修复区间

## 引导问题4 车轮维修时应进行哪些方面的检查？

当轮胎漏气、轮胎异常磨损时，需对车轮进行以下检查。

### 1 轮辋变形

通常是通过检查车轮的径向、横向圆跳动来控制车轮的歪曲变形。车轮的径向、横向圆

跳动的检查方法如下。

(1)顶起汽车,用安全架支撑好。

(2)按图2-9a)所示安装百分表,并缓慢转动车轮,以测量前后轮的横向圆跳动量,见表2-1。

(3)按图2-9b)所示安装百分表,并缓慢转动车轮,以测量前后轮的径向圆跳动量,见表2-1。

如果车轮轮辋的径向或横向圆跳动的测量值超出维修极限,则应更换其车轮的轮辋。

**轿车前后车轮的圆跳动量规定值(mm)**　　表2-1

| 项　目 | 钢制车轮 | 铝制车轮 | 维修极限 | 规定值 |
|---|---|---|---|---|
| 轮辋横向圆跳动 | 0~1.0 | 0~0.7 | 2.0 | |
| 轮辋径向圆跳动 | 0~1.0 | 0~0.7 | 1.5 | |
| 轮胎横向圆跳动 | | | | <2.0 |
| 轮胎径向圆跳动 | | | | <1.5 |

## 2 轮胎变形

如果轮胎出现严重的异常磨损会使轮胎刚度分布不均,用轮胎跳动测量仪测量轮胎的径向圆跳动量,如图2-10所示。放在轮胎侧壁上测量轮胎的横向圆跳动量,规定值见表2-1。过多的径向圆跳动量会引起汽车抖动;过多的横向圆跳动量会使轮胎旋转时摇摆,车轮将会产生抖动现象。当轮胎圆跳动量超过规定值时,应将轮胎从车轮上拆掉,进行更换。

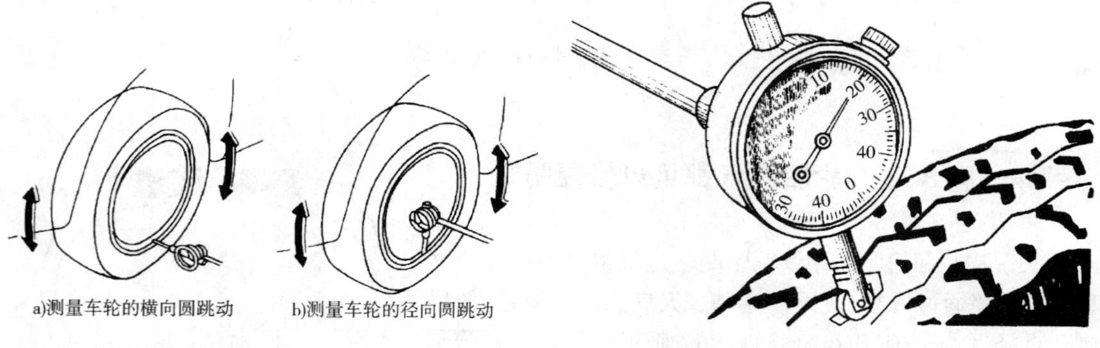


a)测量车轮的横向圆跳动　b)测量车轮的径向圆跳动

图2-9　测量车轮圆跳动

图2-10　测量轮胎径向圆跳动

无论车轮上的轮辋还是轮胎,如果其径向、横向圆跳动量超过规定值,都应进行更换。

## 3 车轮漏气

在检查前应给轮胎充气至规定的气压值250kPa(表1-3)。

方法一:把轮胎和车轮浸泡到水里,轮胎或车轮的漏气处将会起泡,在漏气处作上标记。

方法二:用海绵蘸肥皂水擦已充气的轮胎和车轮,其冒气泡处便为漏气部位。在漏气处作上标记。

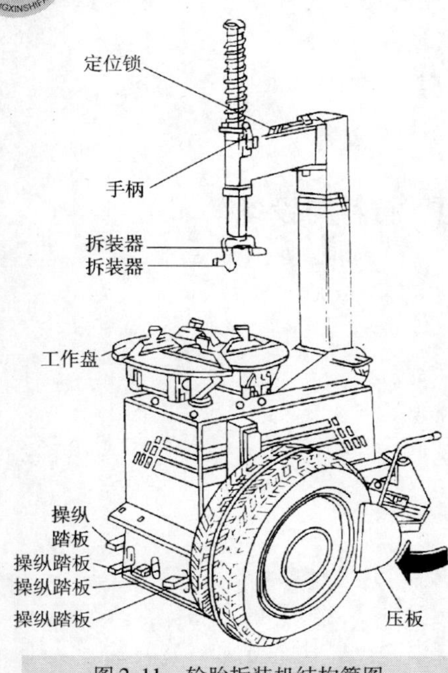

图 2-11　轮胎拆装机结构简图

## 引导问题 5　轮胎拆装机由哪几部分组成？

轮胎拆装机结构如图 2-11 所示。

## 引导问题 6　车轮动平衡检测的意义是什么？

汽车车轮是高速旋转零件，若质心与旋转中心不重合，则会产生静不平衡。由于车轮具有一定的宽度，因此当车轮质量分布相对于车轮纵向中心面不对称时，会造成车轮的动不平衡。

车轮动不平衡时，会造成车轮的跳动和偏摆，引起转向轮的摆振，加剧轮胎的磨损，使汽车的有关零件受到损坏，缩短汽车的使用寿命。特别是对于高速行驶的汽车，车轮的动不平衡，会使汽车发生严重的抖动，破坏汽车的操纵稳定性，容易造成行驶不安全。因此，必须对车轮的动不平衡进行检测，并进行平衡工作。由于动平衡的车轮一定处于静平衡状态，因此只要检测了动平衡，就没有必要再检测静平衡。

## 引导问题 7　车轮动平衡检测的方法有哪些？

### 1 离车式平衡

离车式平衡就是将车轮拆下对车轮进行动平衡检测及平衡，其优点是平衡简单。

### 2 就车式平衡

就车式平衡是车轮不需拆下直接在车上进行动平衡检测及平衡，其优点是能对所有旋转件进行综合动平衡，包括对制动鼓或制动盘的不平衡校正。

3. 离车式和就车式车轮平衡可以相互补充，最终使车轮达到良好的平衡状态。例如，在离车式进行单独的车轮平衡操作后，若仍然存在车轮振动问题，就要进行就车式车轮平衡的检测来处理振动问题。

## 引导问题 8　离车式车轮动平衡机由哪几部分组成？

离车式车轮动平衡机的结构如图 2-12 所示。


图 2-12　车轮动平衡仪

# 二、实施作业

**引导问题 9　完成轮胎漏气作业需要哪些工具、材料与设备？**

(1)胎压表、胎纹深度尺、气源、抹布、肥皂水、毛刷。
(2)爱丽舍轿车维修手册。
(3)轮胎拆装机。
(4)电源、撬杠、润滑剂。
(5)锉刀、维修塞等。
(6)轮胎动平衡机。
(7)平衡块、专用卡钳、动平衡机锁紧螺母。

**引导问题 10　如何用轮胎拆装机拆卸车轮？**

### 1 准备工作

(1)阅读轮胎拆装机说明书,掌握轮胎拆装机的使用方法。

(2)拆卸前在轮胎气门嘴处作出标记,如图 2-13 所示。以便重新安装轮胎时,能够处于与原来相同的位置,从而保证车轮平衡。

### 2 轮胎的拆卸

(1)放尽轮胎中的余气。轮胎放气可以用轮胎压力表放气,如图 2-14 所示。也可以直接拧松气门芯放气。

图 2-13　在轮胎气门嘴处作出标记

图 2-14　用气压表放气

(2)在轮胎拆装机上松动轮胎与轮辋的接合,转动轮胎反复挤压,直至松脱,如图 2-15 所示。

(3)将车轮轮辋的凸面向上,放在工作盘上,稍加按压,使之放平并操纵踏板夹紧胎圈,

如图 2-16 所示。

图 2-15　松动轮胎与轮辋

图 2-16　将轮胎放在工作盘上并夹紧胎圈

(4)在轮辋边缘涂少许润滑剂,如图 2-17 所示。

(5)放拆装器在合适的位置,压下并固定升降杆,使拆装器(图 2-11)与轮辋边缘之间形成约 3mm 的间隙,如图 2-18 所示。

图 2-17　轮辋边缘涂润滑剂

图 2-18　放拆装器在合适的位置

(6)以拆装器端作支点,用杠杆撬起外胎边缘,使之搭在拆装器端上,如图 2-19 所示。

(7)操纵踏板,使工作盘转动,直至轮胎上边缘完全拆出,如图 2-20 所示。

图 2-19　用杠杆撬起外胎边缘

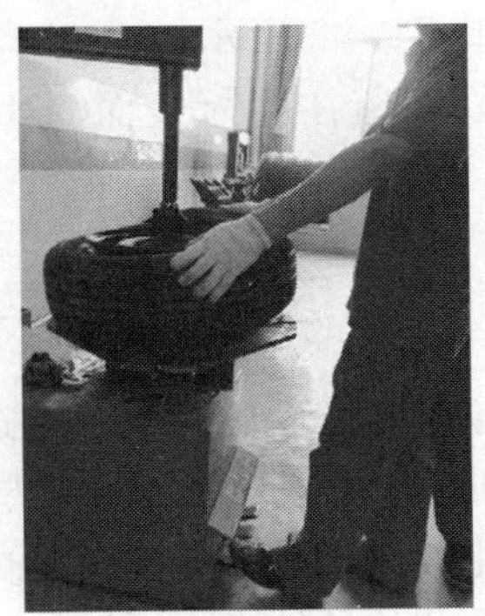

图 2-20　转动工作盘

（8）用上述方法再将外胎另一侧边缘拆出，如图 2-21 所示。

（9）取下外胎和轮辋。

图 2-21　拆卸外胎另一侧边缘

### 3 注意事项

（1）轮胎的拆卸应在轮胎拆装机上进行，严禁手工直接拆卸轮胎，以免损坏胎圈和轮辋。

（2）不许对轮辋进行敲击和使劲用撬棒，以防止其变形和破坏气密性。

（3）对于维修的轮胎，拆卸前在轮胎气门嘴处作出标记，以便重新安装轮胎时，能够处于与原来相同的位置，从而保证车轮平衡。



## 引导问题 11　轮胎漏气应该如何修理？

胎冠被刺穿、扎钉或割开小于 3mm 的创口都可以修补，通常有两种修补方法。

### 1 维修塞修补轮胎刺孔

（1）清洁受损区域，用补胎锉将轮胎内侧刺孔附近处锉光。

（2）选择一个合适的比刺孔稍大的维修塞，并将其装入导入工具的孔眼里。

（3）用硫化液体润滑维修塞和导入工具。

（4）利用导入工具将维修塞从轮胎内侧进入穿孔，并且用力挤压头部，使维修塞头部与轮胎内侧接触贴合，如图 2-22 所示。

（5）使维修塞留在胎冠表面 0.8mm 处，多余部分割掉。

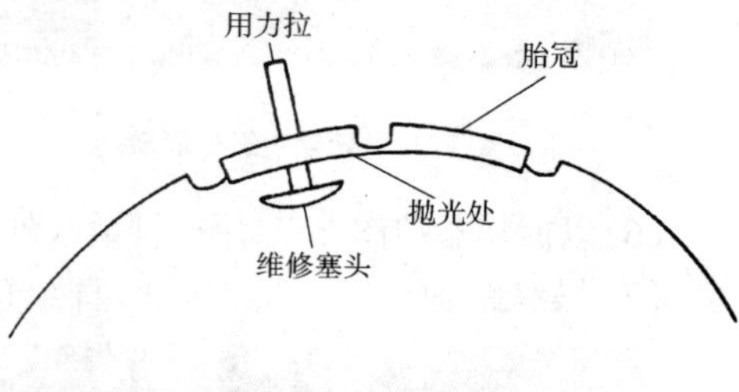


图 2-22　维修塞的安装

### 2 冷补胎片修补轮胎刺孔

（1）用补胎锉将轮胎内侧刺孔附近处锉光，并清洁轮胎受损的区域，直到有平滑绒状的摩擦面产生，同时切下或拆下钢束带层上任何可松动的钢丝材料，如图 2-23 所示。

（2）将硫化液体均匀地涂在轮胎内侧已锉光的表面上，并使其自然晾干直至发黏。

（3）剥掉补胎片的护皮，使补胎片中心对准轮胎内侧穿孔，将补贴片贴到穿孔上。

（4）用压合工具在补胎片上前后移动，使补胎片与轮胎粘得更紧，如图 2-24 所示。

图 2-23　轮胎内侧刺孔附近处锉光

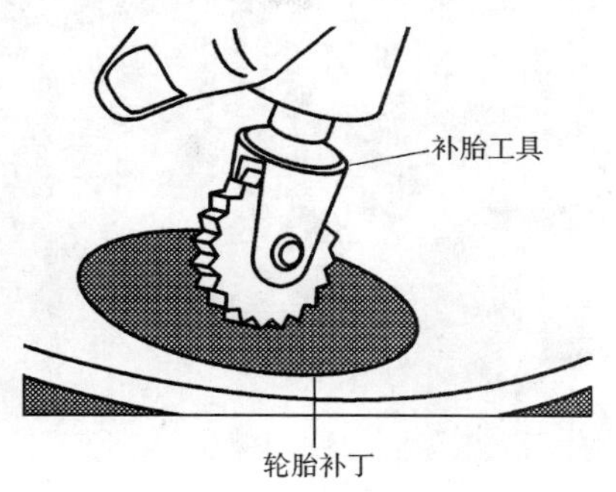

图 2-24　用压合工具压补胎片

## 引导问题 12　轮胎如何安装？

轮胎的安装应在轮胎拆装机上进行，装复时应注意轮胎上的标记，有红点标记的一侧朝外，如图 2-25 所示。对于修复的轮胎还应对准拆卸时作的标记（参考图 2-13），保持原样装复。

轮胎的安装步骤如下。

（1）擦干净轮辋上的胎圈座。

（2）将轮辋固定在工作盘上，并用润滑剂润滑胎圈外表面，如图 2-26 所示。

图 2-25　红色标记

图 2-26　固定轮辋

（3）将轮胎套在轮辋上，并使它的左侧和近身侧装入轮辋中部的凹槽处，如图 2-27 所示。

（4）调节拆装器升降杆于适当位置，锁定升降杆，使右侧未套入轮辋凹槽的一段轮胎边缘置于拆装器上，如图 2-28 所示。

（5）用手压住轮胎，起动工作台，装入一侧轮胎边缘，如图 2-29 所示。

（6）用上述方法，装轮胎的另一侧边缘，使轮胎均匀地安装在轮辋上，装完后，给轮胎充气至规定气压值，如图 2-30 所示。

图 2-27　轮胎套在轮辋上

图 2-28　调节拆装器的位置

图 2-29　安装轮胎

图 2-30　给轮胎充气

(7)充气完成后,需进行动平衡检验。

## 引导问题 13　离车式动平衡如何操作?

车轮动平衡的检测步骤如下。

(1)检查平衡轴的完好性。不能有变形、螺纹损伤等,如图 2-31 所示。

(2)根据轮辋的孔径选择合适的定位锥,如图2-32所示。

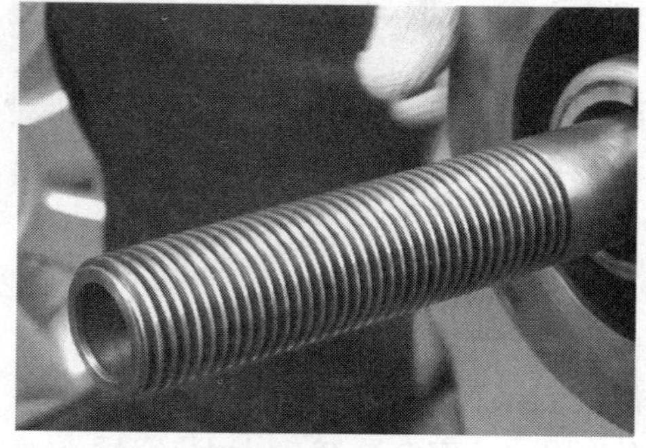

图 2-31　检查平衡轴

图 2-32　合适的定位锥

(3)安装轮胎。先将定位锥装在平衡轴上,如图2-33a)所示。再将轮胎装上平衡轴(注意轮胎的内外侧方向),用锁紧螺母锁紧,如图2-33b)所示。

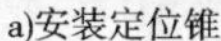
a)安装定位锥

b)紧固轮胎

图2-33　安装轮胎

(4)检查轮胎表面花纹要一致,无破损,如图2-34a)所示。清洁车轮表面的污泥、砂石等附着物,如图2-34b)所示。

a)检查轮胎表面

b)清洁轮胎的异物

图2-34　检查清洁轮胎

(5)拆卸原车轮上的旧平衡块:踩下踏板固定平衡轴,如图2-35a)所示;用平衡块专用卡钳拆卸原车轮上的内外旧平衡块,如图2-35b)所示;并记住质量和位置,如图2-35c)所示。

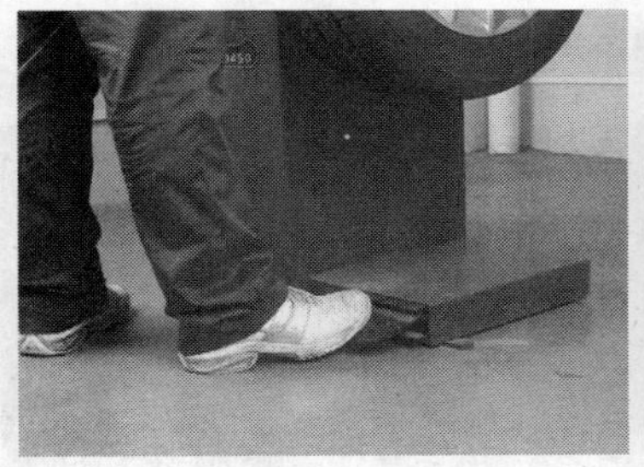
a)踩下踏板

b)拆卸旧平衡块

c)标注平衡块位置

图2-35　拆卸旧平衡块

**注意**：拆卸时请注意不要弄花轮辋的表面。

（6）车轮安装应该注意内外侧的区分，用脚踏板锁紧转轴，用锁紧螺母锁紧轮胎，如图2-36所示。

（7）开机，观察平衡机的自查情况。参考平衡机的说明书。并且选择平衡块的安装方式，如图2-37 所示。

（8）测量轮胎数据。用测量臂测量轮辋内侧和外侧到平衡机的距离，测量位置确定后，平衡机会发出提示声，自动记录测量值，如图2-38 所示。

图2-36　用锁紧螺母锁紧轮胎

图2-37　选择平衡块安装方式

（9）开启动平衡仪测量。测量过程中应盖上轮胎罩后进行测量。按下测量键，待轮胎静止后观察显示窗口的不平衡量，如图2-39 所示。

图2-38　测量轮辋到平衡机的距离

图2-39　测量动平衡

（10）选择平衡块：根据显示的数据选择合适的平衡块进行安装调整。

（11）找正平衡块的安装相位：慢转动轮胎到内侧（或外侧）的指示灯全亮时停止，如图2-40所示。

（12）安装平衡块：如内侧相位指示灯全亮，在内侧平衡轴的12 点正上方位置安装合适的平衡块，如图2-41a）所示；同样方法，在外侧找正平衡块的安装位置，并安装外侧平衡块，如图2-41b）所示。

图2-40　平衡块的安装相位

(13)重新检查(步骤8),窗口显示不平衡量为“00”时,为合格。若不为“00”,可继续安装平衡块,直到为“00”合格,如图2-42所示。

(14)安装的平衡块质量要求如图2-43所示。

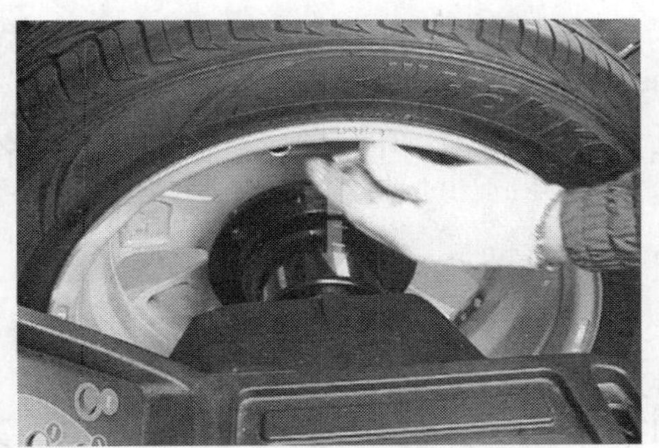
a)卡钳式平衡块安装位置

b)粘贴式平衡块安装位置

图2-41　平衡块的安装位置

图2-42　平衡机检查到“00”为止

图2-43　平衡块质量要求

(15)关闭电源,拆下轮胎,清理场地,如图2-44所示。

图2-44　拆下轮胎

**说明:**动平衡技术要求为质量偏差不大于5g。

## 引导问题 14　动平衡块有哪些类型？有哪些规格？

平衡块一般有 4 种类型：图 2-45a）所示为钢轮类型，图 2-45b）所示为铝轮类型，图 2-45c）所示为铝轮类型，图 2-45d）所示为黏性类型。

动平衡检测时，不平衡质量可以是任意数值，选择动平衡块时请注意平衡块的规格，尽量选择和显示窗口接近质量的平衡块安装。

平衡块的规格分为 14 级，具体分级如下（单位为 g）：

5、10、15、20、25、30、35、40、45、50、55、60、70、80。

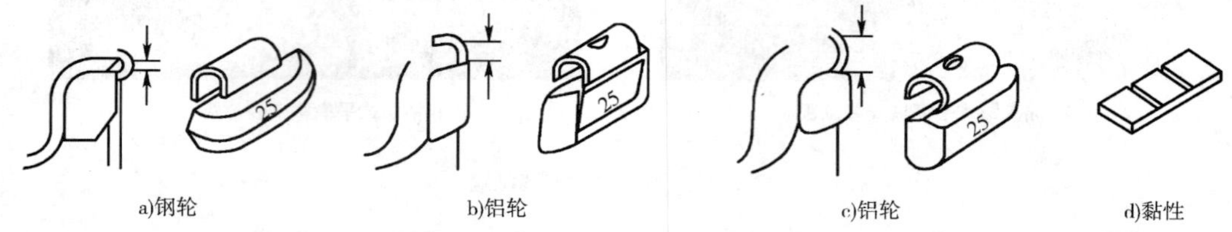


图 2-45　平衡块的类型

## 三、评价反馈

1. 对本学习任务进行评价：各小组人员对学习本学习任务时的表现情况依据评分表进行评价，见表 2-2。

评　分　表　　　　表 2-2

| 考核项目 | 评分标准 | 分　数 | 学生自评 | 小组评价 | 教师评价 | 小　计 |
|---|---|---|---|---|---|---|
| 团队合作 | 是否和谐 | 5 | | | | |
| 活动参与 | 是否主动 | 5 | | | | |
| 安全生产 | 有无安全隐患 | 10 | | | | |
| 现场 5S | 是否做到 | 10 | | | | |
| 任务方案 | 是否合理 | 15 | | | | |
| 操作过程 | 1. 作业前的准备；<br>2. 轮胎的拆装；<br>3. 离车式车轮动平衡 | 30 | | | | |
| 任务完成情况 | 是否圆满完成 | 5 | | | | |
| 操作过程 | 是否标准规范 | 10 | | | | |
| 劳动纪律 | 是否严格遵守 | 5 | | | | |
| 工单填写 | 是否完整、规范 | 5 | | | | |
| 总　分 | | 100 | | | | |
| 教师签名 | | | | 得　分 | | |

2. 在实施作业的过程中是否存在一些安全隐患？请找出容易忽视的地方。

3. 轮胎异常磨损情况有哪些？

4. 口述动平衡检测的操作流程。

## 四、学习拓展

1. 查阅资料，有内胎的充气轮胎如果内胎有刺孔，如何修补？

2. 动平衡检测时，若不平衡质量大于平衡块的最大规格（如100g），你怎么办？

# 学习任务三

## 转向沉重且不能回正(机械转向系统)的检修

**学习目标**

完成本学习任务后,你应当能:

1. 叙述转向系统的类型、组成和作用;
2. 熟悉机械转向系统的构造;
3. 掌握机械转向系统故障的检测工艺流程;
4. 正确地使用工具和设备;
5. 根据维修手册,安全规范地对机械转向系统进行维护。

**建议完成本学习任务的时间为 10 课时。**

### 学习任务描述

一辆1.4L富康轿车,车主反映最近发现该车转向时转向盘转向沉重,而且转向后转向盘不能回正。请你对车转向系统进行检测,确定故障部位并进行修理。

### 学习内容

# 一、资料收集

**引导问题1** 转向系统的作用是什么？有哪几种类型？机械转向系统的结构是怎样的？

## 1 转向系统的作用

汽车转向系统的作用是驾驶人通过转动转向盘控制汽车的行驶方向，通过转向器和一系列杆件将转向力传递到车轮，从而改变和保持汽车的行驶方向，如图3-1所示。

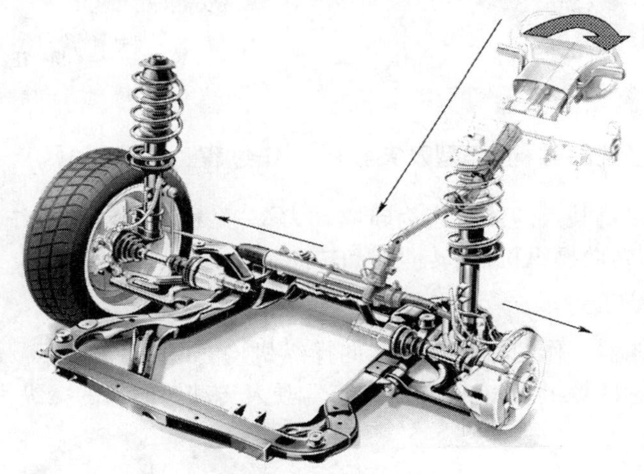

图3-1 转向系统的示意图

## 2 转向系统的组成

转向系统一般由三部分组成，即转向操纵机构、转向器和转向传动机构，如图3-2所示

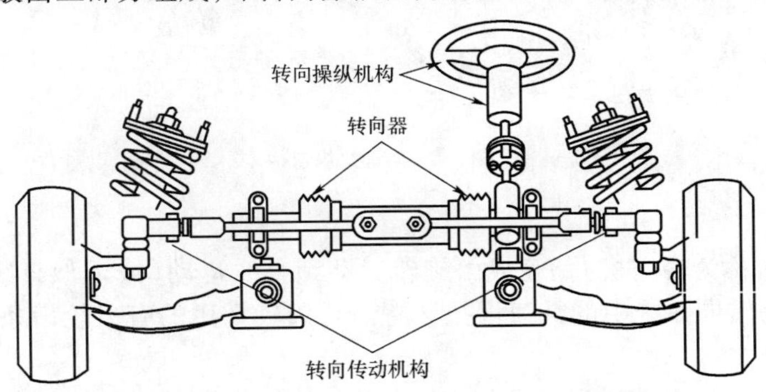


图3-2 转向系统的组成

## 3 转向系统的类型

汽车转向系统按转向动力源的不同分为机械转向系统和动力转向系统两大类。机械转向系统如图 3-3 所示,动力转向系统如图 3-4 所示。

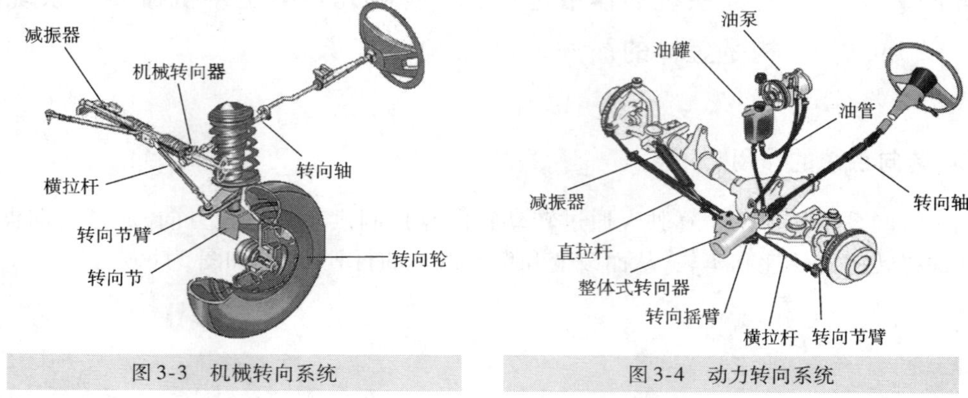


图 3-3　机械转向系统　　图 3-4　动力转向系统

## 4 机械转向系统的结构、类型及系统的工作过程

机械转向系统以驾驶人的体力作为转向动力源,又称人力转向系统。机械转向系统一般由三部分组成,即转向操纵机构、转向器和转向传动机构。

### 1 转向操纵机构

驾驶人操纵转向器工作的机构称为转向操纵机构,如图 3-5 所示。转向操纵机构由转向盘、转向轴、转向管柱等组成,它的作用是将驾驶人转动转向盘的操纵力传给转向器。

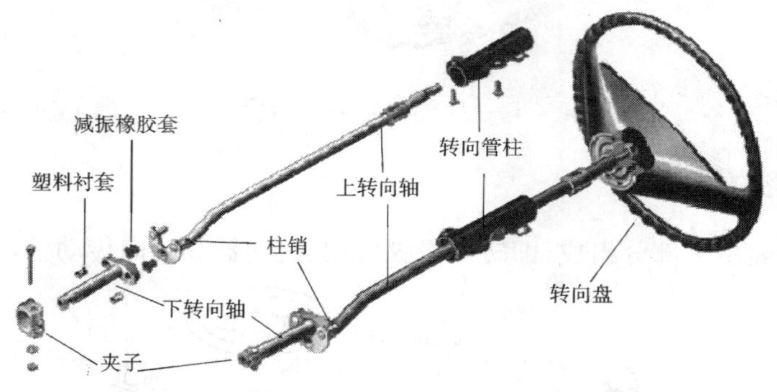


图 3-5　转向操纵机构

### 2 转向器

转向器(也常称为转向机)是完成由旋转运动到直线运动(或近似直线运动)的一组齿轮机构,同时也是转向系统中的减速增扭装置。目前较常用的有齿轮齿条式、循环球式、蜗杆曲柄指销式。

(1)齿轮齿条式转向器。齿轮齿条式转向器的结构如图 3-6 所示,作为传动副主动件的转向齿轮轴通过轴承安装在转向器壳体中,其上端通过花键与万向节叉和转向轴连接。与转向齿轮啮合的转向齿条水平布置，两端通过球头座与转向横拉杆相连。弹簧通过压块将齿条压靠在齿轮上，保证无间隙啮合。弹簧的预紧力可用调整螺钉调整。当转动转向盘时，转向器齿轮转动，使与之啮合的齿条沿轴向移动，从而使左右横拉杆带动转向节左右转动，使转向车轮偏转，从而实现汽车转向。

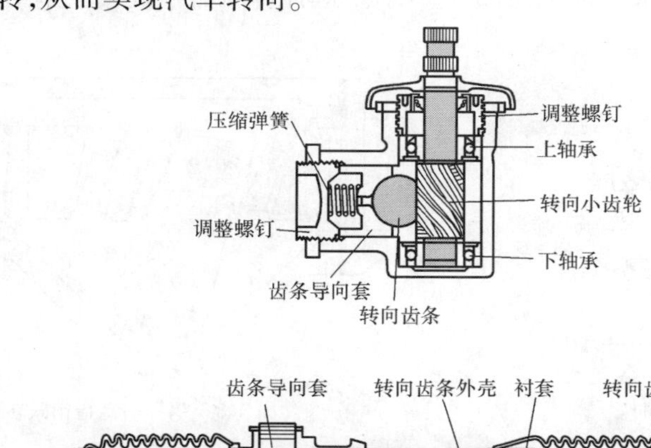


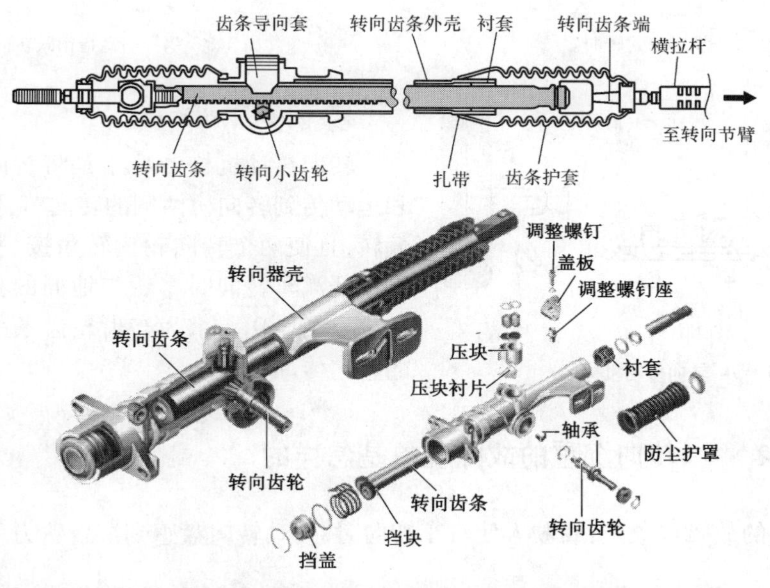


图 3-6 齿轮齿条式转向器

(2)循环球式转向器。循环球式转向器，如图 3-7 所示，是目前国内外在载货汽车上应用最广泛的结构形式之一，一般有两级传动副，第一级是螺杆螺母传动副，第二级是齿条齿扇传动副。为了减少转向螺杆转向螺母之间的摩擦，两者的螺纹并不直接接触，其间装有多个钢球，以实现滚动摩擦。转向螺杆和螺母上都加工出断面轮廓为两段或三段不同心圆弧组成的近似半圆的螺旋槽，两者的螺旋槽能配合形成近似圆形断面的螺旋管状通道。螺母侧面有两对通孔，可将钢球从此孔塞入螺旋形通道内。转向螺母外有两根钢球导管，每根导管的两端分别插入螺母侧面的一对通孔中。导管内也装满了钢球。这样，两根导管和螺母内的螺旋管状通道组合成两条各自独立的封闭的钢球"流道"。转向螺杆转动时，通过钢球将力传给转向螺母，螺母即沿轴向移动。同时，在螺杆及螺母与钢球间的摩擦力偶作用下，所有钢球便在螺旋管状通道内滚动，形成"球流"。在转向器工作时，两列钢球只是在各自的

封闭流道内循环,不会脱出。

(3)蜗杆曲柄指销式转向器。蜗杆曲柄指销式转向器的传动副(以转向蜗杆为主动件,其从动件是装在摇臂轴曲柄端部的指销。转向蜗杆转动时,与之啮合的指销即绕摇臂轴轴线沿圆弧运动,并带动摇臂轴转动,如图 3-8 所示。这种转向器在现代汽车上已较少采用。

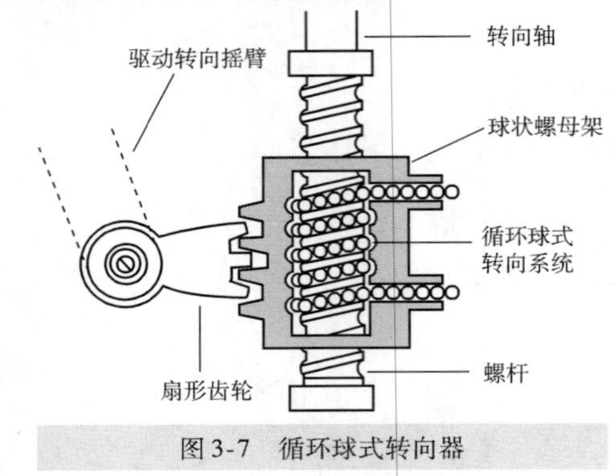


图 3-7　循环球式转向器

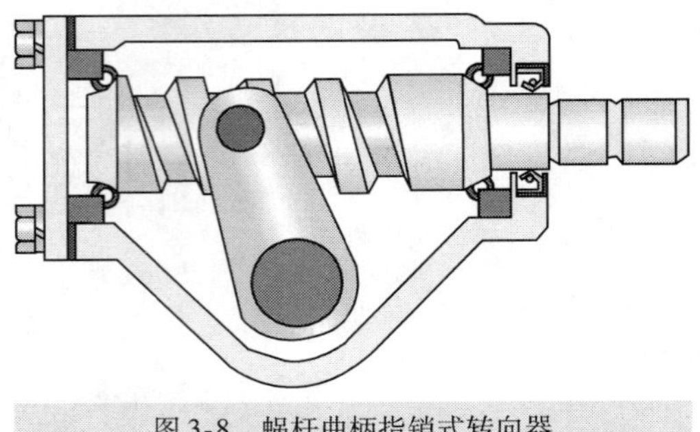

图 3-8　蜗杆曲柄指销式转向器

左转向横拉杆　右转向横拉杆　左梯形臂　齿轮齿条转向器　右梯形臂

图 3-9　转向传动机构

### 3 转向传动机构

转向传动机构的功用是将转向器输出的力和运动传到转向桥两侧的转向节,使两侧转向轮偏转,且使两个转向轮偏转角按一定关系变化,以保证汽车转向时车轮与地面的相对滑动尽可能小。图 3-9 所示为与齿轮齿条式转向器配合的转向传动机构。

## 引导问题 2　转向沉重的故障现象是怎样的?

转向沉重的故障现象是:驾驶人使汽车转向时,转动转向盘感到沉重费力。

## 引导问题 3　引起机械转向系统转向沉重的原因有哪些?

转向沉重的根本原因是转向轮气压不足或定位失准,转向系统传动链中出现配合过紧或卡滞而引起摩擦阻力增大。具体原因主要有:

(1)转向轮轮胎气压不足,应按规定充气。

(2)转向轮本身定位不准或车轴、车架变形造成转向轮定位失准,应校正车轴和车架,并重新调整转向轮定位。

(3)转向器主动部分轴承调整过紧或从动部分与衬套配合太紧,应于调整。

(4)转向器主、从动部分的啮合间隙过小,应予调整。

(5)转向器缺油或无油,应按规定添加润滑油。

(6)转向器壳体变形,应予校正。

(7)转向管柱、转向轴弯曲或套管凹瘪造成互相碰擦,应予修理。

(8)转向纵、横拉杆球头连接处调整过紧或缺油,应予调整或添加润滑脂。

(9)转向节主销与转向节衬套配合过紧或缺油,或转向节止推轴承缺油,应予调整或添加润滑脂等。

## 引导问题 4　转向盘不能回正的现象是怎样的?

转向盘不能回正的故障现象是:在汽车转向完毕取消转向外力时,转向盘不能恢复直线行驶状态或恢复直线行驶状态缓慢。

## 引导问题 5　引起机械转向系统转向盘不能回正的原因有哪些?

汽车转向结束后,转向盘不能自动回正到居中位置,其故障原因有:

(1)左右前轮轮胎气压不等或胎压不足。

(2)前轮定位不正确,主要是主销内倾角和主销后倾角两个参数。

(3)转向横拉杆与支架铰接过紧或有阻滞现象。

(4)转向横拉杆球头铰链磨损或松旷等。

(5)一侧前轮制动器制动间隙过小,导致制动拖滞或轮毂轴承过紧。

(6)转向桥或车架变形,两侧轴距不等。

## 引导问题 6　机械转向系统转向沉重且回正性差的故障诊断流程是怎样的?

先检查轮胎气压,排除故障由轮胎气压过低引起。接着按图 3-10 所示机械转向系统转向沉重常见故障原因的诊断流程找出故障位置。

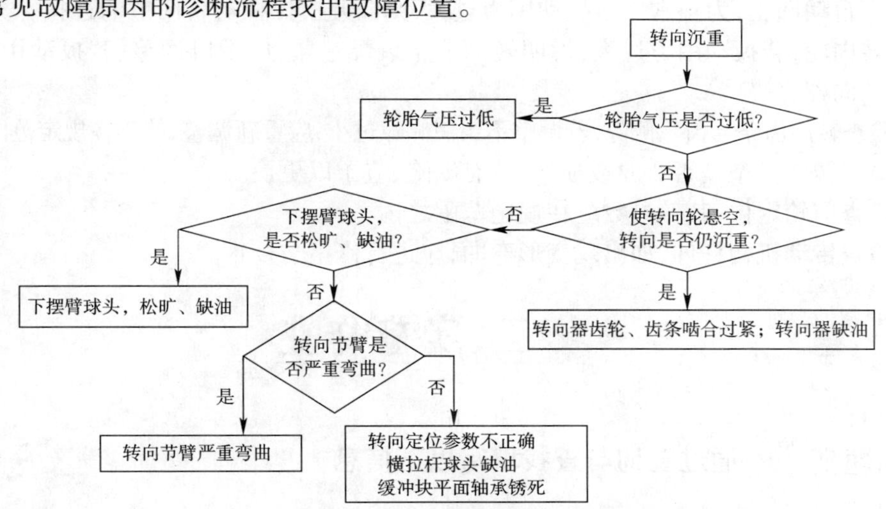


图 3-10　转向沉重的故障诊断流程图

## 引导问题7　转向沉重的故障诊断与排除方法是怎样的?

转向沉重的故障诊断与排除方法:

(1)顶起汽车前部,使两前轮悬空,转动转向盘,若感到转向轻易,则故障在前轮或前悬架。故障排除方法:

①前轮气压过低,应将轮胎充气到规定气压。

②前轮定位不准,应检查前轮定位参数,并调整至规定值。

③三角下摆臂严重变形或损坏,导致前轮定位失准,应更换或修复三角下摆臂。

(2)顶起汽车前部,如转向仍然沉重,则说明故障主要在转向器和转向传动机构。故障排除方法:

①转向器齿轮与齿条啮合间隙过小或齿轮、齿条损坏,应调整或修理转向器。

②转向器壳体变形,应更换转向器壳。

③转向器齿条严重弯曲,应更换齿轮、齿条。

④转向轴或转向柱管弯曲变形,应更换。

⑤齿条顶块调节过紧,应重新调整转向器。

⑥转向器、转向轴万向节拉杆球头润滑不良,应加注润滑脂。

⑦下摆臂球头销及前悬架支柱止推轴承润滑不良或损坏,也可使转向沉重,此时应加注润滑脂或更换损坏件。

## 引导问题8　转向盘不能回正的故障排除方法是怎样的?

(1)检查转向轮轮胎气压,并按规定校准前轮气压,保证左右轮胎气压相等。

(2)检查转向轴万向节、转向横拉杆球头连接松紧程度,如过紧,应加以调整或重新装配。

(3)顶起汽车前部,两手扳动前轮,左右来回摆动,每一来回待要回到直行位置时,感到用力较轻而自动回正,为正常。若扳动用力过大,则断开横拉杆与转向节的连接。分别来回扳动左右转向轮,若扳动用力过大,说明转向节销装配过紧,应予以调整;若扳动用力较小,则应检查转向器。

(4)检查转向齿条与齿轮侧隙,若调整不当使侧隙过小,应重新调整,使其在规定范围之内。

(5)检查转向齿条是否弯曲或损坏,若有缺陷,应予以更换。

(6)检查前轮定位,其各参数应在规定范围之内。

(7)检查传动机构杆件,如出现变形弯曲,应进行修整与校正。

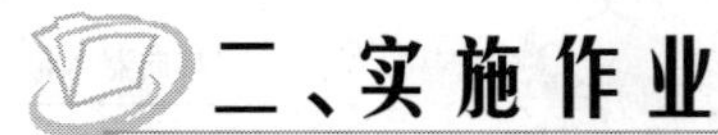

# 二、实施作业

## 引导问题9　通过查询与查找填写以下信息。

参见学习任务一中引导问题6。

## 引导问题10 作业时需要哪些工具、材料和设备?

依据5S原则,将本学习任务所需的工具从工具箱中清理出来,放在工具车上,如图3-11所示。

图3-11 工具车

## 引导问题11 作业前的准备有哪些?

参见学习任务一中引导问题8。

## 引导问题12 如何对转向沉重且不能回正的故障部位进行检查判断?

(1)顶起汽车前部,使两前轮悬空,转动转向盘,若感到转向轻易(单手可以转动转向盘),则故障在前轮或前悬架,如图3-12所示。

(2)顶起汽车前部,如转向仍然沉重(双手转动转向盘),则说明故障主要在转向器和转向传动机构,如图3-13所示。

图3-12 单手可以转动转向盘

图3-13 双手转动转向盘

(3)顶起汽车前部,断开横拉杆与转向节的连接。分别左右来回扳动转向轮,如图3-14所示。若扳动用力过大,说明转向节销装配过紧,应予以调整;若扳动用力较小,则应检查转向器。检查结果见表3-1。

图3-14 来回扳动左右转向轮

转向沉重故障部位检查情况　　表3-1

| 检查状况 | 转向盘力的感受 | 故障部位 |
| --- | --- | --- |
| 顶起汽车前部,使两前轮悬空 | 转向轻易 | 前轮或前悬架 |
| 顶起汽车前部,使两前轮悬空 | 转向仍然沉重 | 转向器和转向传动机构 |
| 断开横拉杆与转向节的连接 | 转向轻易 | 转向器 |
| 断开横拉杆与转向节的连接 | 转向仍然沉重 | 转向传动机构 |

## 引导问题 13　若转向沉重的故障部位是转向器,如何进行维修?

### 1 转向器的拆卸

(1)开启举升机,举升汽车,如图 3-15 所示。

(2)在下万向节以及转向器小齿轮轴上冲出标记,以便重新装配时它们仍处在原来的位置,如图 3-16 所示。

图 3-15　举升汽车

图 3-16　小齿轮轴与万向节处作标记

(3)拆下小齿轮轴与万向节的连接螺栓。如图 3-17 所示。

(4)拆下转向器总成两端横拉杆与转向节处的槽形螺母,如图 3-18 所示。

图 3-17　拆卸小齿轮轴与万向节的连接螺栓

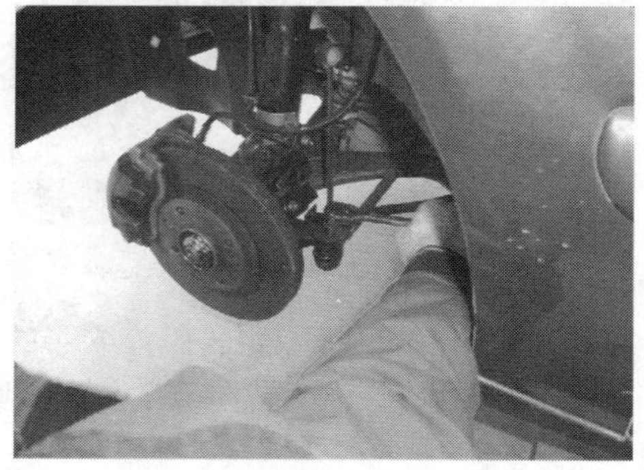

图 3-18　拆卸横拉杆与转向节处的槽形螺母

(5)用球头销拆卸器拔出球头销,使横拉杆与转向节脱开,如图 3-19 所示。

(6)拆下前托架上转向器壳的两个固定螺栓,取下两个隔套,如图 3-20 所示。

(7)取下转向器总成,如图 3-21 所示。

### 2 转向器总成的分解

转向器总成分解可参照图 3-22 所示进行。

转向器总成的分解步骤如下。

图 3-19　横拉杆与转向节脱开

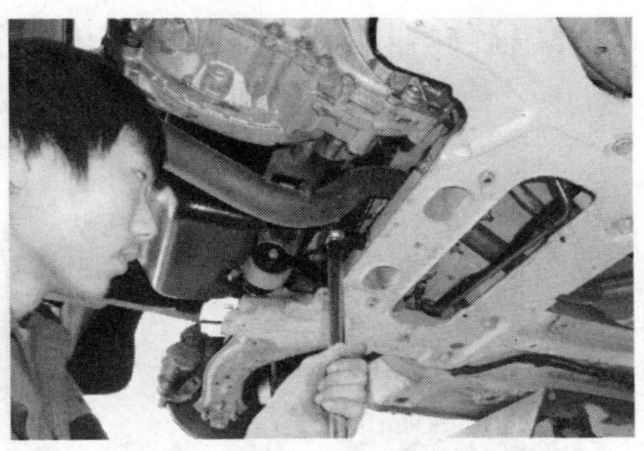
图 3-20　拆卸转向器壳的两个固定螺栓

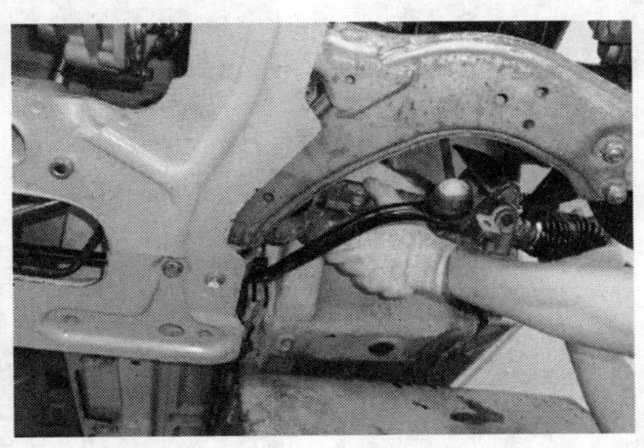
图 3-21　取下转向器总成

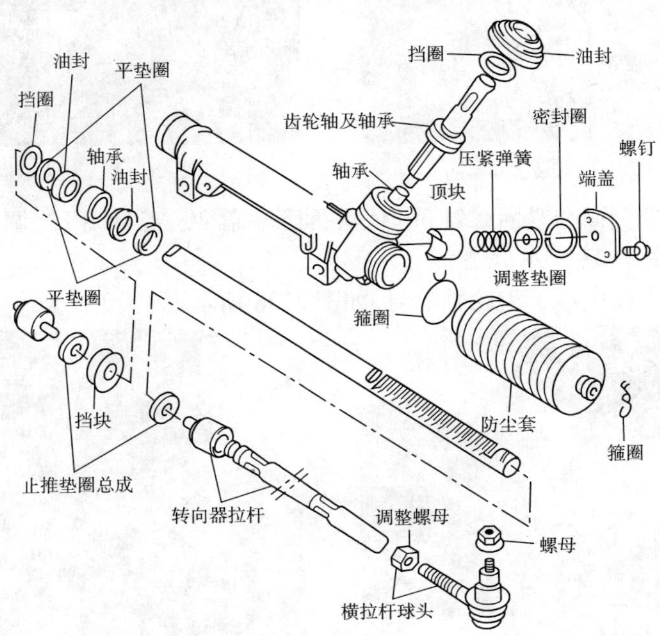

图 3-22　机械转向器分解图

(1)清洗转向器外部,将转向器壳体夹在台虎钳上,如图3-23所示。

(2)用记号笔标记横拉杆球头3与调整螺母21的相对位置,并拆下横拉杆球头3,如图3-24所示

图3-23　转向器壳体夹在台虎钳上

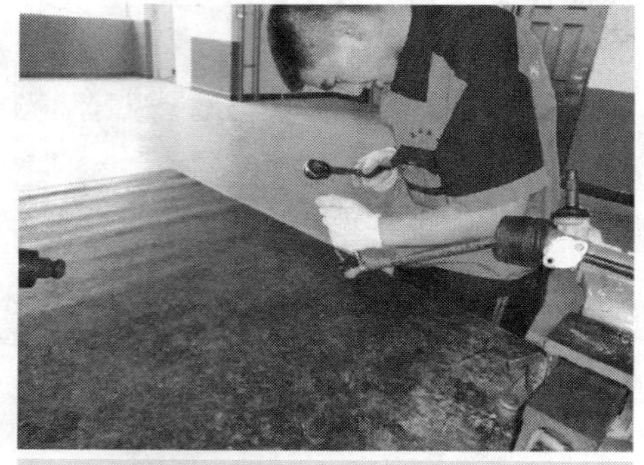

图3-24　作标记,拆卸横拉杆球头

(3)拆下内外防尘套箍圈5和6,将防尘套4拆下,如图3-25所示。

(4)拆下转向器横拉杆2,如图3-26所示。

图3-25　拆卸防尘套

图3-26　拆下转向器横拉杆2

(5)拆下转向器侧面的紧固螺钉30,依次拆下端盖20、密封圈19、调整垫圈18、压紧弹簧17、顶块16,如图3-27所示。

(6)从转向器壳体中拆下齿轮轴油封,如图3-28所示。

图3-27　拆卸调整垫圈及顶块

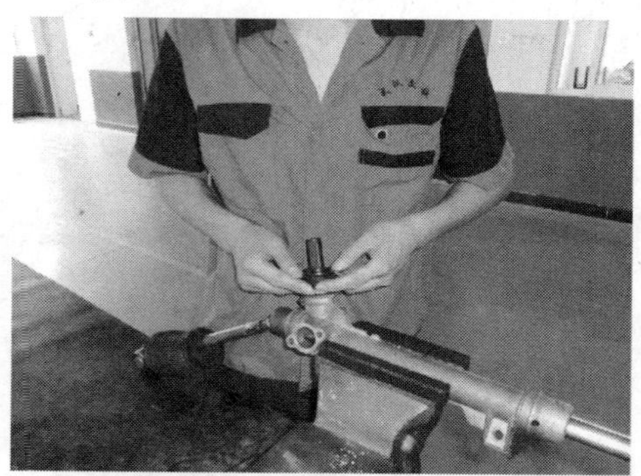

图3-28　拆下齿轮轴油封

(7)拆下弹性挡圈13,如图3-29所示。

(8)用软口台虎钳夹住齿轮轴顶端,用橡胶锤敲转向器壳体以便将齿轮轴及轴承1拆下,如图3-30所示。

(9)将齿条从转向器壳体上取下,如图3-31所示。

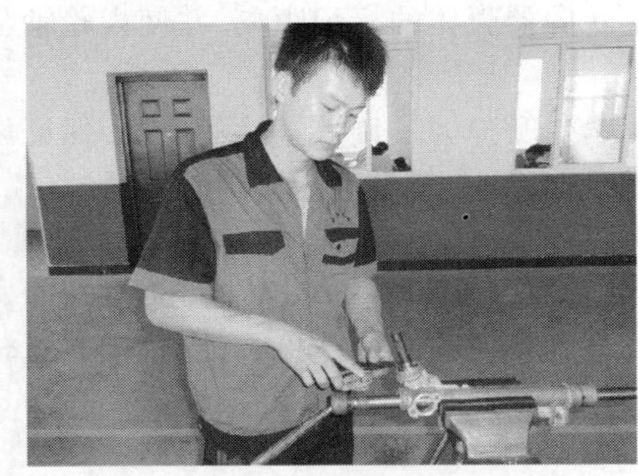

图3-29 拆下弹性挡圈

图3-30 拆卸齿轮轴及轴承

## 3 转向器零件的检查

转向器零件在分解后,进行彻底清洗,以便检查,如图3-32所示。

图3-31 将齿条从转向器壳体上取下

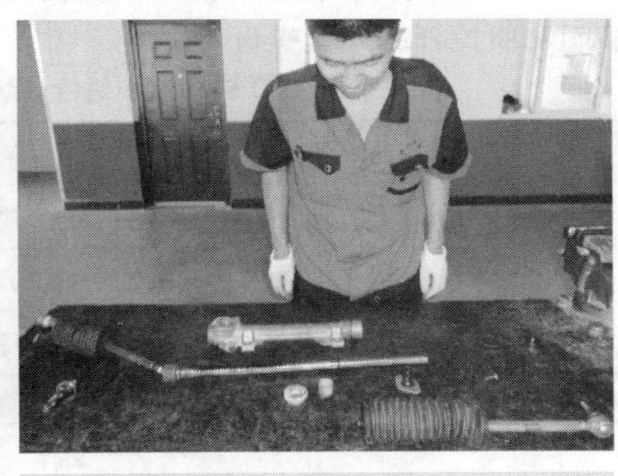

图3-32 转向器零件的检查

(1)检查齿轮轴及轴承。齿轮齿面应无磨损或损伤,齿形磨损或变薄的齿轮必须更换;轴承若磨损严重,应予以更换;齿轮轴出现转动不平衡,并有松动或噪声,应更换齿轮轴及轴承。

(2)检查转向器齿条齿面,不允许有划伤和严重磨损的痕迹,否则应更换齿条;检查齿条的弯曲程度,其弯曲值应小于0.3mm,否则更换齿条。

(3)检查转向器壳体有无裂纹或其他损伤,一旦发现缺陷,应予以更换。

(4)检查转向齿条导向调整装置。若齿条顶块磨损严重或损坏、弹簧弹力不足,则应予以更换。

(5)检查转向齿条防尘套。防尘套若有老化、膨胀、弯曲、破裂等损伤,应予以更换。

### 4 转向器总成的组装

转向器总成的组装按其分解的反向循序进行,但应注意下列问题。

(1)装配前在相关部位(如齿轮轴轴承)加注润滑脂。

(2)齿条齿轮装入啮合时,应注意齿条端部至转向器壳体的标记距离,并使齿轮轴与壳体上的冲点标记对正。

(3)安装齿条导向调节装置时,应注意检查压紧弹簧弹力及调整垫片的厚度,保证齿条与齿轮具有最佳的啮合状态,齿条移动时既无犯卡,又能自由转动和无松旷的感觉。

(4)安装横拉杆球头时,应对正原来拆卸时的标记,以避免调整前束。

(5)通过左右滑动齿条来检查防尘套的安装情况,正常时防尘套不应有变形或扭曲。

(6)转向器总成组装完成后,应对转向器总成进行装车前的整体检查,齿轮轴应运转自如,转向齿条左右移动应平滑,均不得有犯卡现象。

### 5 转向器的安装

按拆卸转向器的反向循序将转向器装上汽车,安装时注意下列问题。

(1)应校对好转向轴的位置,保证转向盘、转向轴和小齿轮轴之间的正确装配关系。

(2)将各紧固螺母换上新螺母,并按照表 3-2 规定的力矩拧紧紧固螺栓、螺母。

(3)检查调整前轮的前束,使之恢复正常,并确保左右前轮具有相同的前束,最后紧固防尘套箍圈和横拉杆的锁紧螺母。

**转向系统螺栓、螺母拧紧力矩(N·m)**　　表 3-2

| 序　号 | 名　称 | 拧紧力矩 |
|---|---|---|
| 1 | 转向器固定螺栓 | 40 |
| 2 | 万向节与转向器的紧固螺母 | 25 |
| 3 | 转向球头销螺母 | 35 |

## 三、评价反馈

1. 对本学习任务进行评价:各小组人员对学习本学习任务时的表现情况依据评分表进行评价,见表 3-3。

**评　分　表**　　表 3-3

| 考核项目 | 评分标准 | 分　数 | 学生自评 | 小组评价 | 教师评价 | 小　计 |
|---|---|---|---|---|---|---|
| 团队合作 | 是否和谐 | 5 | | | | |
| 活动参与 | 是否主动 | 5 | | | | |
| 安全生产 | 有无安全隐患 | 10 | | | | |
| 现场 5S | 是否做到 | 10 | | | | |
| 任务方案 | 是否合理 | 15 | | | | |

续上表

| 考核项目 | 评分标准 | 分数 | 学生自评 | 小组评价 | 教师评价 | 小计 |
|---|---|---|---|---|---|---|
| 操作过程 | 1. 作业前的准备；<br>2. 转向沉重的故障检查；<br>3. 机械转向器的维修 | 30 | | | | |
| 任务完成情况 | 是否圆满完成 | 5 | | | | |
| 操作过程 | 是否标准规范 | 10 | | | | |
| 劳动纪律 | 是否严格遵守 | 5 | | | | |
| 工单填写 | 是否完整、规范 | 5 | | | | |
| 总分 | | 100 | | | | |
| 教师签名 | | | 得分 | | | |

2. 在实施作业的过程中是否存在一些安全隐患？请找出容易忽视的地方。

3. 口述本次操作维护的流程。

## 四、学习拓展

1. 查阅资料，说明卡罗拉轿车、桑塔纳轿车转向系统的结构及特点？

2. 转向系统除了转向沉重以外，还有哪些故障情况？

3. 若转向沉重不是转向器引起，你如何进行维修？

# 学习任务四

## 动力转向油的检查与更换

### 学习目标

完成本学习任务后,你应当能:

1. 叙述动力转向系统的定义及分类;
2. 掌握一定的动力转向油安全、环保知识;
3. 掌握动力转向油的检查及更换方法步骤;
4. 正确地使用工具和设备;
5. 根据维修手册,安全规范地对液压动力转向进行维护。

**建议完成本学习任务的时间为 6 课时。**

### 学习任务描述

一辆爱丽舍 1.6L 轿车,车主反映从购车到现在已经行驶了 4 万多 km,担心动力转向油变质想更换新动力转向油。请你对车辆动力转向油进行检查并更换。

### 学习内容

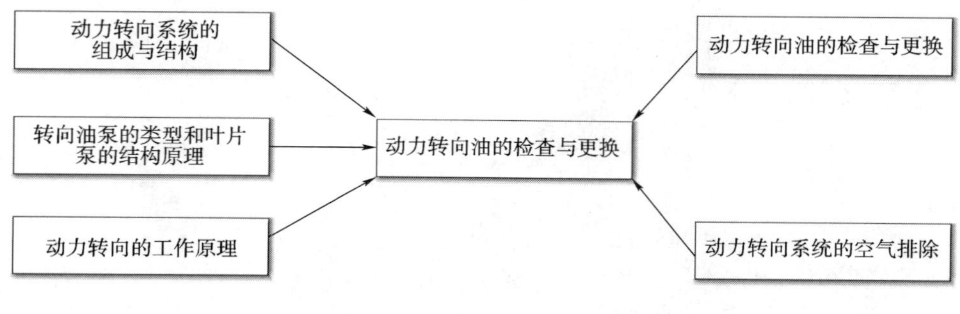

# 一、资料收集

## 引导问题 1　动力转向系统的定义是什么？有哪几种类型？

（1）动力转向系统的定义：借助动力来操纵的转向系统称为动力转向系统。

（2）动力转向系统的类型：动力转向系统按其助力方式主要分为液压式动力转向系统和电动式动力转向系统。液压式动力转向系统如图 4-1 所示，电动式动力力转向系统如图 4-2 所示。

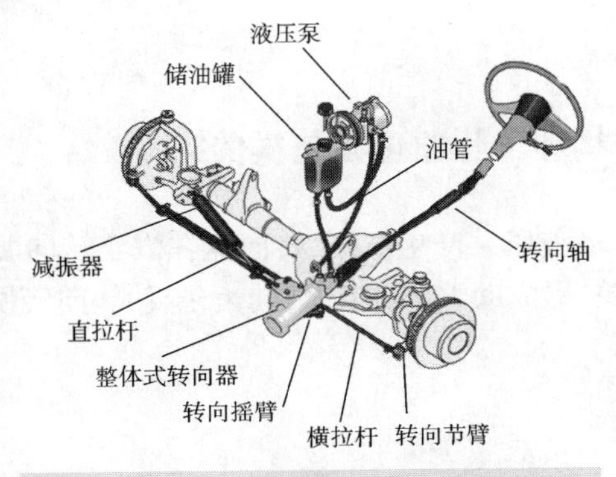

图 4-1　液压式动力转向系统

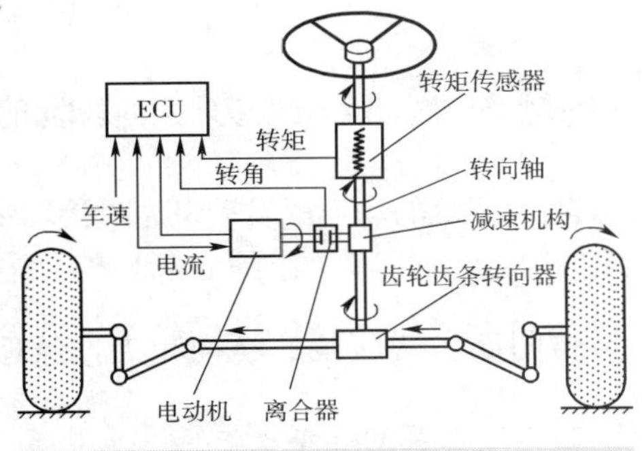

图 4-2　电动式动力转向系统示意图

## 引导问题 2　液压动力转向系统的组成有哪些？结构类型有哪些？

液压动力转向系统由机械转向器和液压助力系统组成。即使液压助力系统出现故障，机械转向器仍然能使汽车转向系统工作，从而保证汽车行驶安全。

机械转向器见学习任务三。

液压助力系统由储液罐、液压泵、油量控制阀、助力缸、活塞等组成，是在机械转向系统上增加的部分。

按机械转向器和液压助力系统的组合形式不同，液压转向系统可分为以下类型。

（1）整体式：即将机械转向器、助力缸、油量控制阀设计为一体，如图 4-3 所示。

（2）组合式：即将机械转向器和油量控制阀设计为一体，转向助力缸独立，东风雪铁龙轿车采用，如图 4-4 所示。

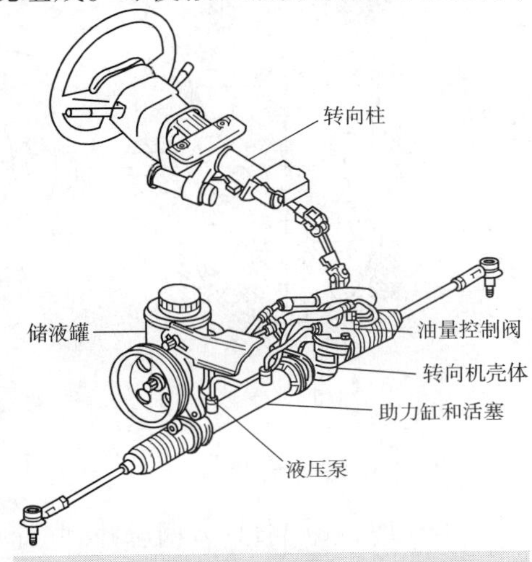

图 4-3　整体式液压转向系统的组成

(3)分离式:即将机械转向器独立,转向助力缸和油量控制阀设计为一体。

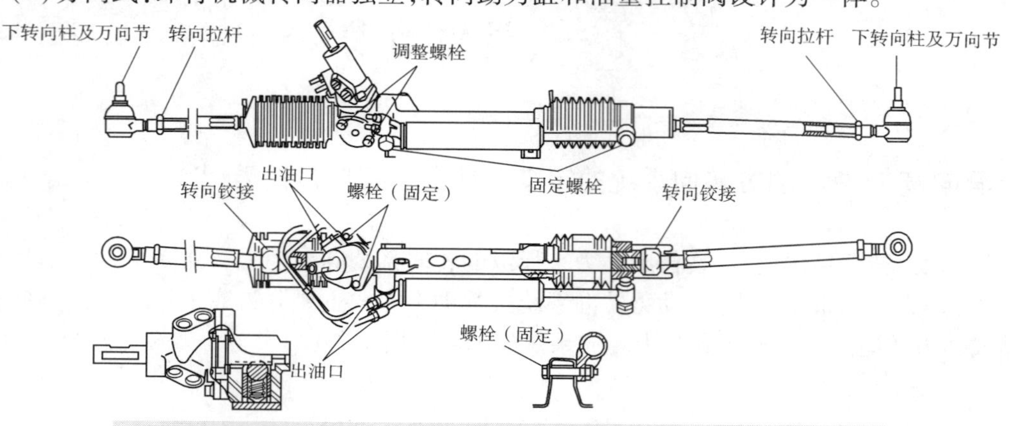


图 4-4　东风雪铁龙液压转向传统

## 引导问题 3　液压助力转向系统的结构和工作原理是怎样的?

液压助力系统的动力由发动机通过传动带驱动液压泵产生油压,转向盘在汽车转向时,通过原理控制阀,在液压助力缸的活塞上产生压力差,形成助力,施加在转向齿条,使转向轻便。

### 1 转向助力液压泵的结构和工作原理

#### 1 助力液压泵的类型

(1)齿轮泵,如图 4-5 所示。

(2)转子泵,如图 4-6 所示。

(3)叶片泵,如图 4-7 所示。

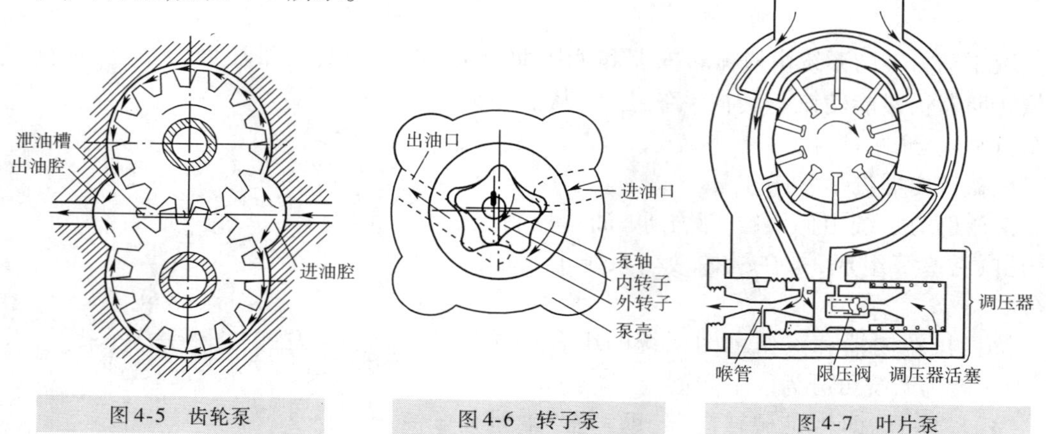


图 4-5　齿轮泵　　图 4-6　转子泵　　图 4-7　叶片泵

#### 2 叶片泵的工作原理

当转子叶轮顺时针方向旋转,叶片在离心力作用下紧贴在定子的内表面上。其工作容积开始由小变大,从吸油口吸进油液;而后工作容积由大变小,压缩油液,经压油口向外供

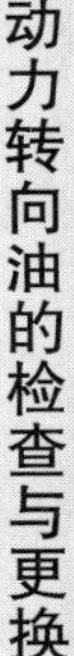



油。转子每旋转一周，每个工作腔都各自吸、压油2次。

### ❸ 油量调节器

调节器安装在泵体中，由带有卸压阀的调节活塞、活塞的复位弹簧、节流阀组成。

调节特性如下：

(1)低速转向时，此时液压泵的流量较小，分成三个方向由进油口C通向旋转阀，至喉管尾端的调压活塞B；经过喉管，然后由下方通道至活塞另一侧，如图4-8所示。

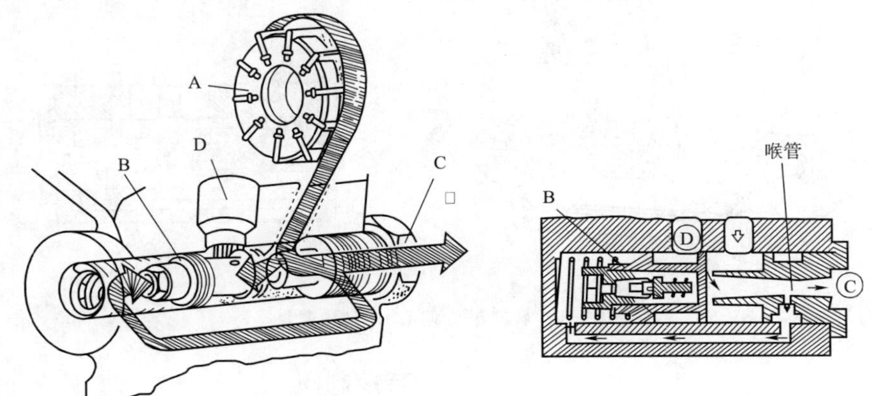


图4-8 低速时的油量调节

由于此时流量较小，所以节流阀处节流作用并不明显，压力变化不大，活塞左右两侧油压基本相等，活塞在弹簧作用下基本保持原来位置不变，此时卸压口并不打开。在低速转向时，所需要的油压不大于2.8MPa。

(2)在不同速度下直线行驶情况，液压泵的流量随着发动机转速而增加，节流阀处油的流速上升，相应此处的油压降低较多，也就是活塞左侧(E处)的压力降低，远低于另一侧的油压，因此活塞被压左移，卸压口D打开，部分油液回至液压泵内循环，在高速行驶时，由于调节器的卸压作用，限制了流量而引起助力减小，保证了系统运行安全，如图4-9所示。

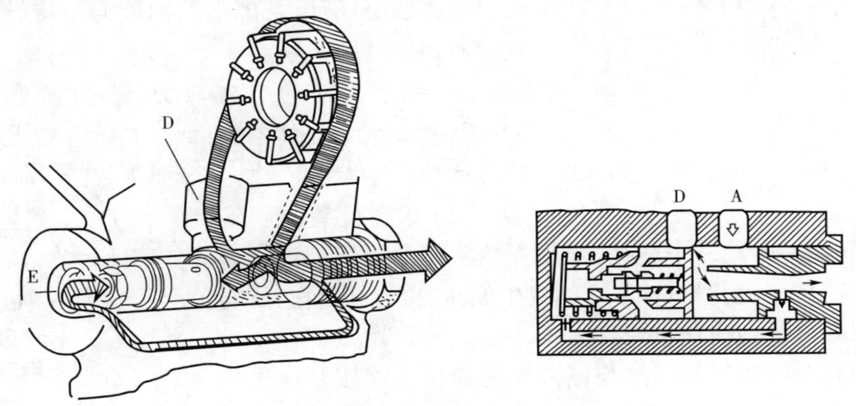


图4-9 中高速行驶时的油量调节

(3)车轮(转向轮)无法转动时,转向时旋转阀开始工作,系统压力上升。当转向轮遇异常阻力时(如转向轮被凸出物挡住),压力升高较快,当压力上升到超过一定值后,活塞上的卸压阀被顶开卸压,部分油液从G处经D回到液压泵中,限制了压力的继续增长,此时活塞会进一步左移到D处,卸压开口增大,保证系统运行安全,如图4-10所示。

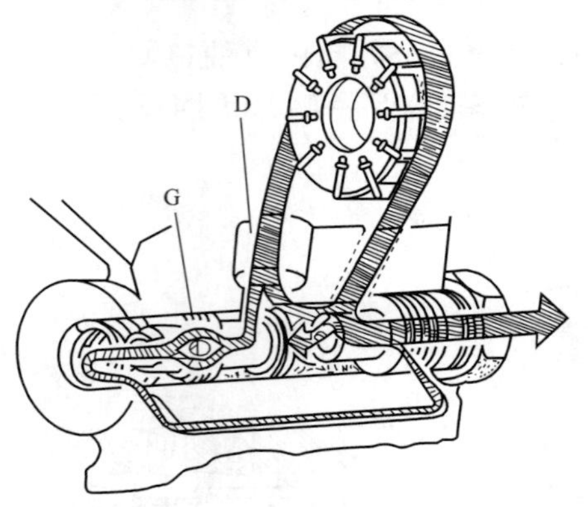


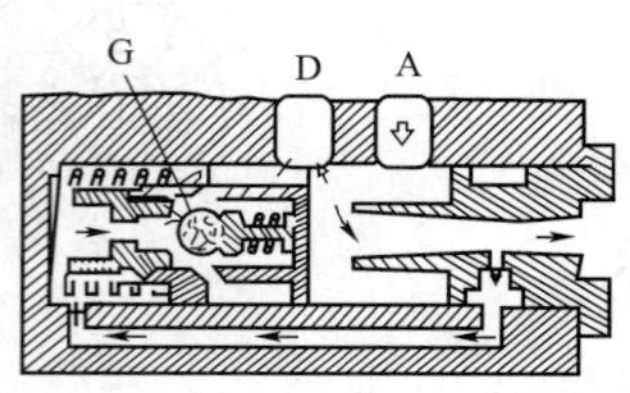


图4-10　转向轮受到阻力时油量调节

## 2 旋转控制阀

旋转控制阀是根据转向盘的转动方向引导(左右液压缸)油的供给,以满足助力需要。它有四个通道,中间打开,这是一个较复杂的零件,不能维修。

旋转控制阀的组成如图4-11所示。

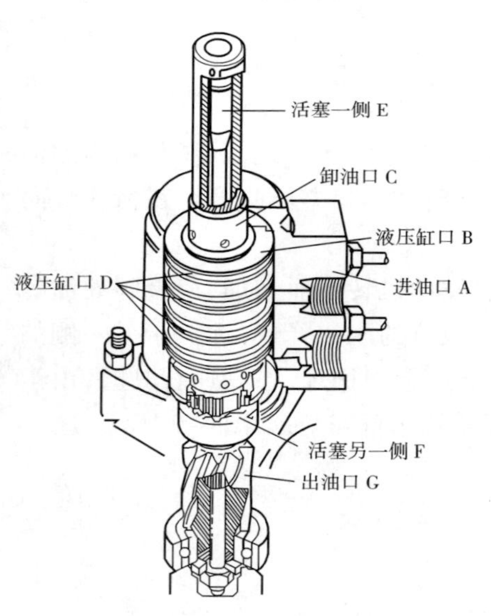


图4-11　旋转控制阀的组成

### 1 旋转控制阀的工作原理

(1)中间位置,如图4-12所示。

当转向盘不动时,无论车轮如何(处于直线或非直线位置),旋转阀处于中间位置,此时旋转阀使活塞两边相通,并且液压泵排出的油液通过旋转控制阀后直接回到储液筒。

**注**:由于流动的节流阻力,左右活塞有200～300kPa的压力差,但不影响转向位置。

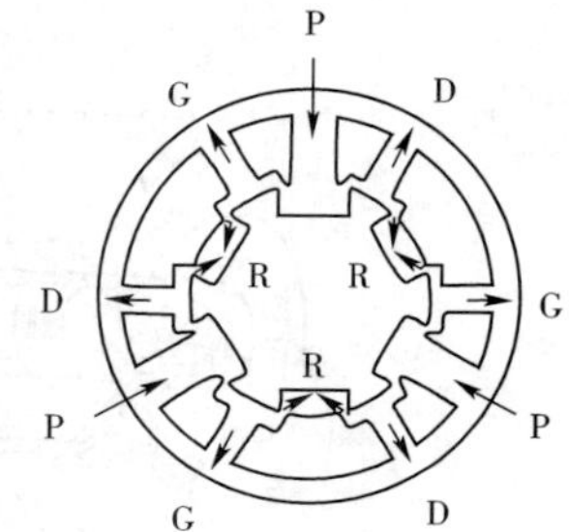


图4-12　中间位置

(2)选择位置。当转动转向盘时,转向柱带动转子转动,与小齿轮一体的分配器由于地面阻力而转动滞后,分配器与转子之间发生偏转,扭力杆受扭;旋转控制阀处于选择位置,此时旋转阀:

①切断转向同侧的液压缸与储液罐的连接。液压泵输出的油液进入助力液压缸,压力升高。

②切断另一侧液压缸与液压泵的连接,油液排出卸压。

③液压泵的压力上升依据助力液压缸移动所受到的阻力而定。这样，助力液压缸的活塞，一侧与液压泵相通，压力上升，推动活塞移动；活塞的另一侧导通储液罐，油液排出形成转向助力。在这种情况下，压力最高值可达到6.2～6.9MPa。

例如：车辆左转弯时：A进油口与液压缸口B连接，即活塞E一侧与液压泵导通进油，压口C与液压缸口连接，即活塞另一侧F与储液罐导通出油，形成助力向左转向，如图4-13所示。

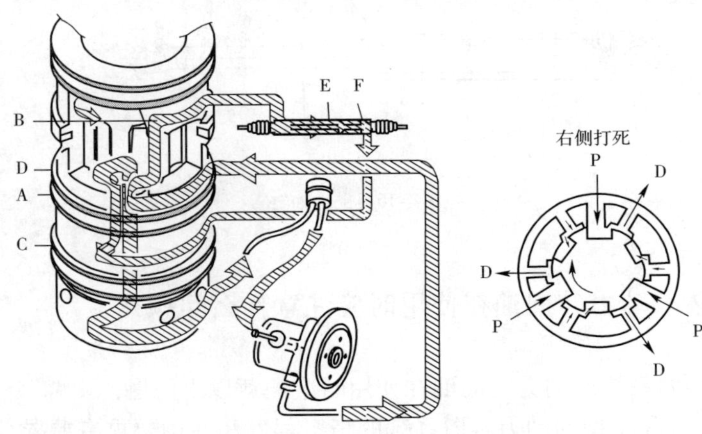


图4-13　左转位置

## 2 旋转控制阀的结构

旋转控制阀的结构如图4-14所示。

在分配器外表有三个槽：中间槽与液压泵相连接，另外两个槽分别与液压缸的活塞两侧连接。两端的环槽通过三个径向孔道分别与安放在分配器里面的旋转阀体上的纵向槽连接，该阀体可以转动。中间槽有三个更大的孔与内腔连通。

旋转控制阀的转子包括：

(1)三个与分配器两端环槽相通的纵槽，与容器相通。它们可以保证旋转控制阀的润滑。

(2)三个短槽可以使泵的压力与下列相通：在中间位置时，与液压缸活塞两侧及容器相通；当有力作用在转向盘上时，液压缸活塞一侧的开度增加，活塞另一侧的开度减小，直至关闭。

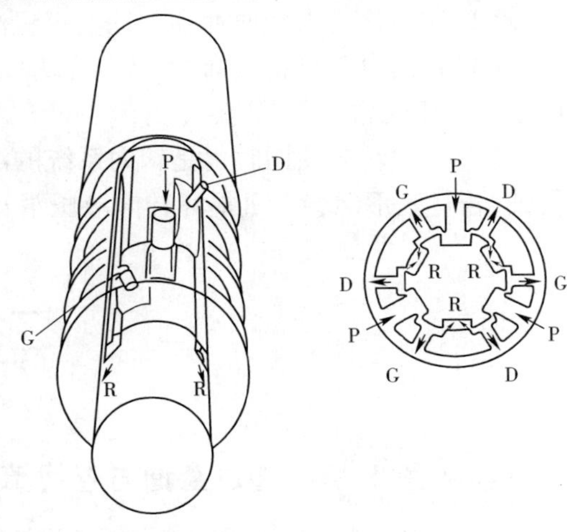


图4-14　旋转控制阀的结构

## 3 助力液压缸

依据转向盘的转动，通过控制阀来分配油液。助力液压缸活塞一侧压力升高时，保证齿条的助力。

缸体固定在转向壳上，操纵杆铰接在齿条上；左室油液的供应通过管道D来保证，右室油液的供应通过管道C来保证，如图4-15所示。

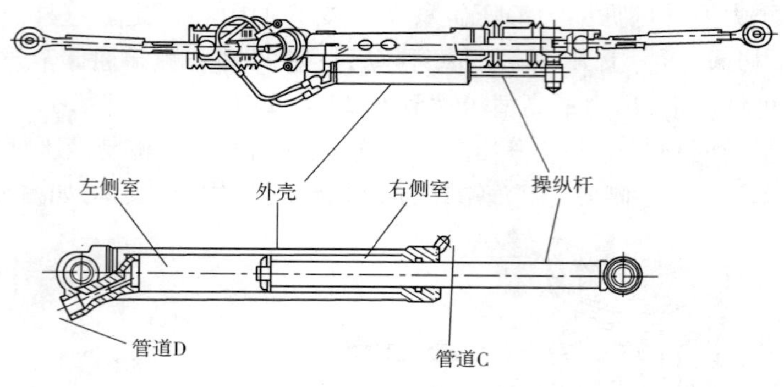


图 4-15　助力油缸

**引导问题 4　动力转向油在使用时应注意什么问题?**

液压式动力转向系统的动力转向油在使用时应注意以下问题。

(1)不同的车种和车型的动力转向系统的精密程度和使用要求有差异,动力转向油的选择与更换还是应根据汽车厂商的车辆维护手册中的规定。

(2)切勿将动力转向油和制动液等混淆！否则会导致系统失灵。

(3)转向时不可将方向“打死”,特别是在原地转向时,要留有一定的余量,保证液压转向系统处于正常工作状态。

(4)动力转向油同时也是转向系统的润滑剂,因此液位过低或储液罐内无液压油时切勿行驶,若行驶不但会严重损坏转向液压泵及其他零部件,还可能导致转向系统失灵。

## 二、实施作业

**引导问题 5　通过查询与查找填写以下信息。**

参见学习任务一中引导问题 6。

**引导问题 6　作业时需要哪些工具、材料和设备?**

(1)常用工具。

(2)气源、举升机、液压油、干净抹布。

(3)爱丽舍轿车维修手册。

依据 4S 原则,将本任务所需的工具从工具箱中清理出来,放在工具车上,如图 4-16 所示。

图 4-16　常用工具

**引导问题 7　作业前的准备有哪些?**

参见学习任务一中引导问题 8。

**引导问题 8　如何正确检验动力转向油的储液罐?**

液压动力转向装置油液的检验,除观察储液罐油面刻度外,还应对整个系统进行检验。

(1)首先要将汽车停放在平坦的硬质路面上,如图 4-17 所示。

(2)起动发动机,怠速运转,如图 4-18 所示。

图 4-17　汽车停放在平坦的硬质路面上

图 4-18　发动机怠速运转

(3)左、右转动转向盘数次,使动力转向油温度上升到 80℃左右,如图 4-19 所示。

(4)观察储液罐的动力转向油有无泡沫和乳化现象,如图 4-20 所示。

图 4-19　左右转动转向盘

图 4-20　观察储液罐

(5)检查油液质量,如图 4-21 所示。

(6)检查油位,按需要添加动力转向油,如图 4-22 所示。

**警告:**必须添加相同型号的动力转向油,爱丽舍轿车动力转向油为 A. T. FDEXRON. 2。

图4-21　检查油液质量

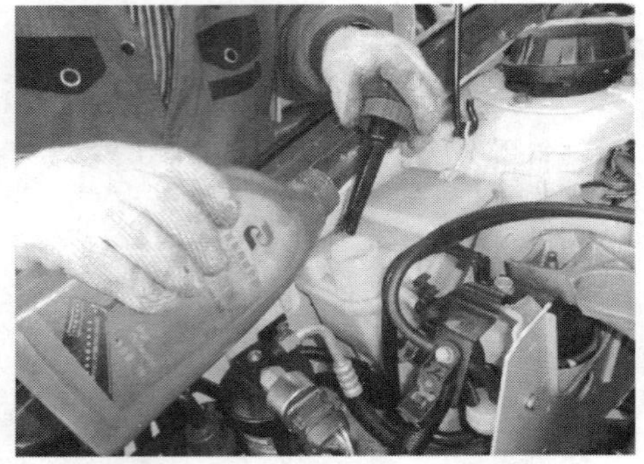

图4-22　检查油位及添加动力转向油

**引导问题9**　**液压式动力转向系统更换动力转向油的方法是怎样的?**

(1)支起车身,拆下储液罐上的回油管,如图4-23所示。

(2)将储液罐和油管中的油液排放到容器中,如图4-24所示。

图4-23　拆下储液罐上的回油管

图4-24　将储液罐和油管中的油液排放到容器中

(3)接上排油延长管,如图4-25所示。

(4)用容器接废油,如图4-26所示。

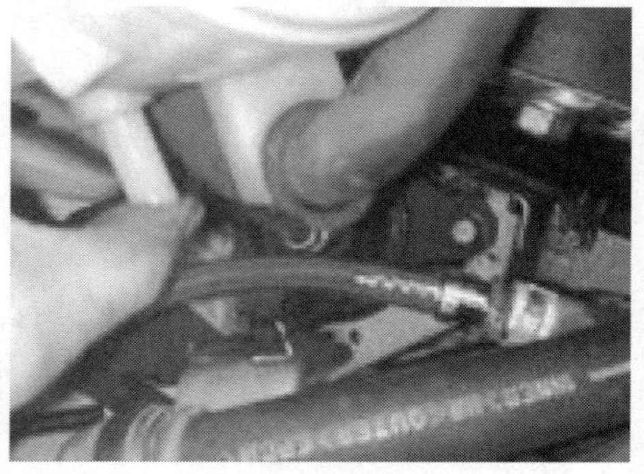

图4-25　接上排油延长管

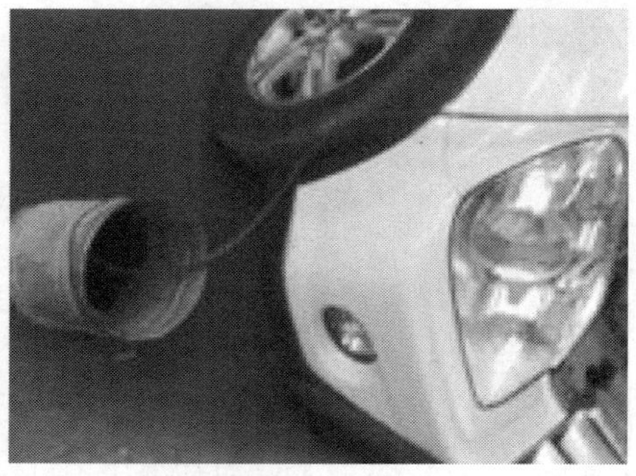

图4-26　用容器接废油

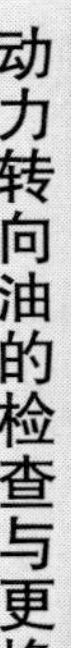



**警告**:妥善处理,不要对环境造成污染。

(5)起动发动机,以怠速运转。

(6)左右转动转向盘,待油管内残余油液排净后,关闭发动机。

(7)用油塞将储液罐上回油管接头堵住,然后按油品要求加入符合要求的液压油。

(8)起动发动机并使其以1000r/min左右的转速空转,当有油液从回油管排出时,立即关闭发动机。待片刻后,再重复上述过程4~5次后,油路中的空气将全部排除,然后将回油管接回到储液罐上。

(9)最后将液压油加到储液罐上的规定刻度线处。

## 引导问题10 如何排出动力转向系液压系统的空气?

(1)将汽车举升,车轮离地,如图4-27所示。

(2)不起动发动机,转动转向盘至左右极限位置,来回3~5次,如图4-28所示。

图4-27 车轮离地

图4-28 转动转向盘至左右极限位置

(3)起动发动机,怠速运转,转动转向盘至左右极限位置,来回3~5次,如图4-29所示。

(4)关闭发动机,落下汽车,如图4-30所示。

图4-29 起动发动机,转动转向盘

图4-30 落下汽车

(5)起动发动机,怠速运转,来回转动转向盘5~8次,使油温升高,如图4-31所示。

(6)转向盘在中间位置时,观察储液罐的动力转向油高度,如图4-32所示。

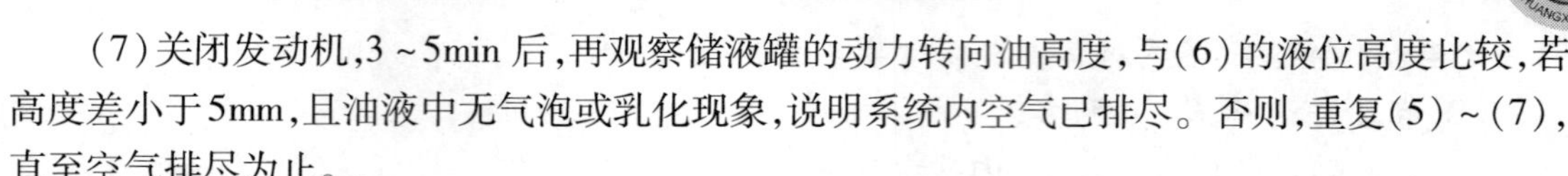

(7)关闭发动机,3～5min 后,再观察储液罐的动力转向油高度,与(6)的液位高度比较,若高度差小于5mm,且油液中无气泡或乳化现象,说明系统内空气已排尽。否则,重复(5)～(7),直至空气排尽为止。

图4-31　落下汽车后,起动发动机转动转向盘

图4-32　观察储液罐动力转向油高度

## 三、评价反馈

1. 对本学习任务进行评价:各小组人员对学习本学习任务时的表现情况依据评分表进行评价,见表4-1。

评　分　表　　　　表4-1

| 考核项目 | 评分标准 | 分　数 | 学生自评 | 小组评价 | 教师评价 | 小　计 |
|---|---|---|---|---|---|---|
| 团队合作 | 是否和谐 | 5 | | | | |
| 活动参与 | 是否主动 | 5 | | | | |
| 安全生产 | 有无安全隐患 | 10 | | | | |
| 现场5S | 是否做到 | 10 | | | | |
| 任务方案 | 是否合理 | 15 | | | | |
| 操作过程 | 1. 作业前的准备;<br>2. 动力转向液的检查与更换;<br>3. 动力转向系统的空气排除 | 30 | | | | |
| 任务完成情况 | 是否圆满完成 | 5 | | | | |
| 操作过程 | 是否标准规范 | 10 | | | | |
| 劳动纪律 | 是否严格遵守 | 5 | | | | |
| 工单填写 | 是否完整、规范 | 5 | | | | |
| 总　分 | | 100 | | | | |
| 教师签名 | | | | 得　分 | | |

2. 在实施作业的过程中是否存在一些安全隐患？请找出容易忽视的地方。

3. 口述本次操作维护的流程。

## 四、学习拓展

1. 查阅资料，说明卡罗拉轿车、桑塔纳轿车的转向系统分别是什么类型的助力系统。

2. 助力转向系统液压系统内有空气会产生什么故障？

3. 依据什么情况判断液压系统内的空气已经排尽？

# 学习任务五

## 转向不灵且有异响(动力转向系统)的检修

### 学习目标

完成本学习任务后,你应当能:

1. 对动力转向系统的结构有比较深刻的理解;
2. 掌握一定的动力转向系统维护知识;
3. 掌握动力转向系统的故障检测工艺流程;
4. 确地使用工具和设备;
5. 据维修手册,安全规范地对液压动力转向系统进行维护。

**建议完成本学习任务的时间为 10 课时。**

### 学习任务描述

一辆爱丽舍 1.6L 轿车,车主反映最近转向时转向不灵敏且伴有异响。请你对车辆动力转向系统进行故障检测。

### 学习内容

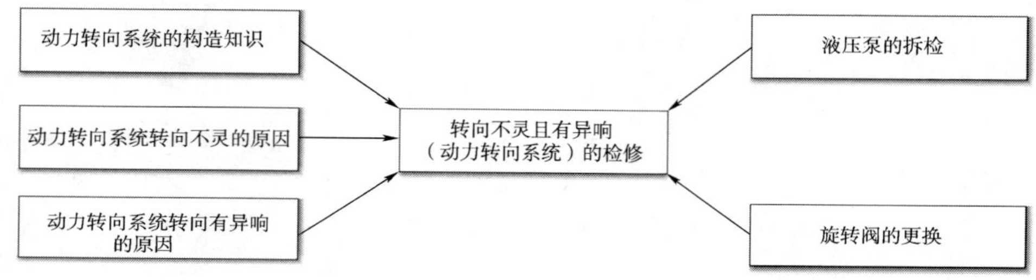

# 一、资料收集

**引导问题1　造成动力转向系统转向不灵的原因有哪些?**

液压式动力转向系统转向不灵的故障原因主要有:

(1)液压泵传动带松弛,传动带打滑。

(2)储液罐内液面过低或油液脏污。

(3)液压系统内混入空气。

(4)液压泵有故障。

(5)滤清器堵塞、供油管路接头松动。

(6)安全阀漏油、弹簧过软或调整不当。

(7)液压泵内部零件磨损。

**引导问题2　转向时转向系统出现异响的原因有哪些?**

装有动力转向系统的汽车,在发动机起动后,转向助力泵的溢流阀中出现液流噪声是正常的,但噪声过大甚至影响转向性能时,该噪声应视为故障。因助力系统引起转向噪声的原因主要是:

(1)转向液压泵损坏或磨损严重,应予修理或更换。

(2)转向液压泵传动带打滑,应予调整或更换。

(3)控制阀性能不良,应予检修。

(4)系统中渗入空气,应予排气。

(5)管道不畅,应予检修等。

**引导问题3　转向不灵的故障诊断方法是怎样的?**

造成转向盘转向不灵的根本原因是转向系统传动链中一处或多处连接的配合间隙过大,诊断时,可从转向盘开始检查转向系统各部件的连接情况,看是否有磨损、松动、调整不当等情况,找出故障部位。

**引导问题4　转向异响的故障诊断方法是怎样的?**

转向时发出“咔哒”声,在已排除转向泵叶片噪声的情况下,则由转向液压泵带轮出现松动引起。

转向时发出“嘎嘎”声,由转向液压泵传动带打滑引起。

转向时转向液压泵发出"咯咯"声,是由于系统中有空气;发出"嘶嘶"声,而且系统无泄漏,转向液压泵传动带张紧度也合适,则由油路不畅或控制阀性能不良引起。

## 引导问题5　转向不灵且有异响的故障诊断流程是怎样的?

检查排除故障时应遵循由易到难的原则逐项排除可能造成故障的原因,按照图5-1所示诊断流程进行故障排除。

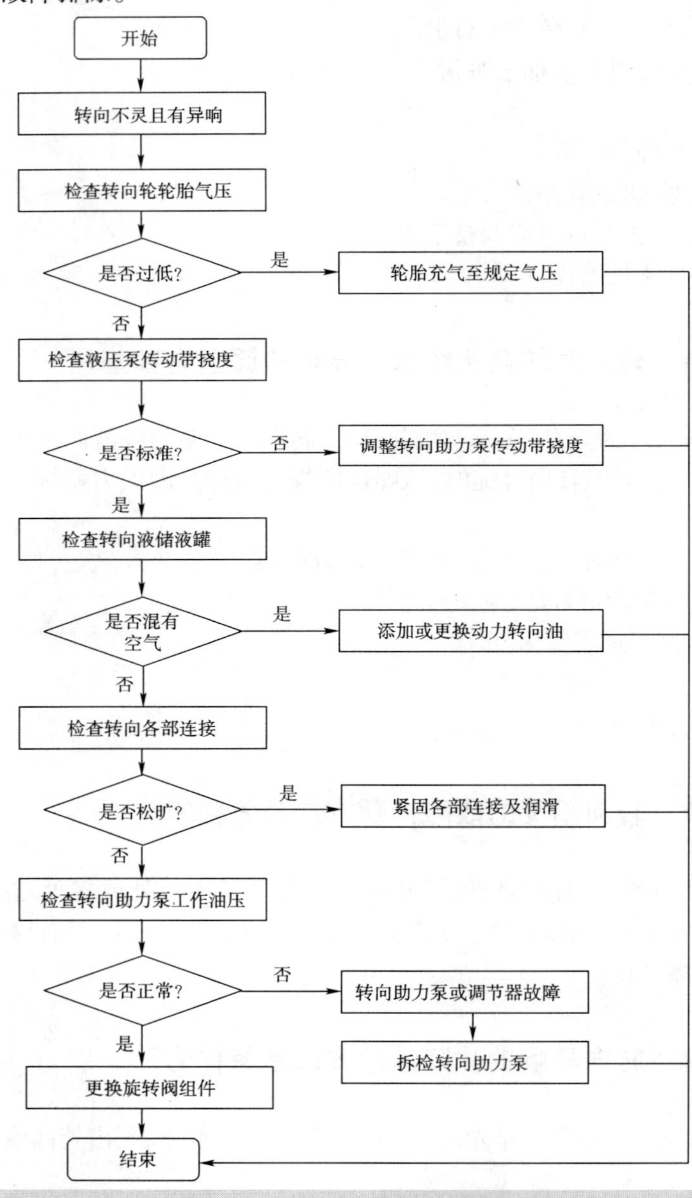


图5-1　转向不灵且有异响的故障诊断流程

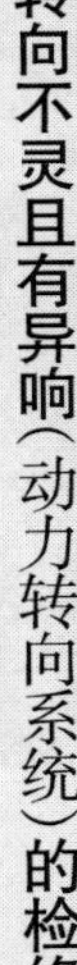


# 二、实施作业

## 引导问题6 通过查询与查找填写以下信息。

参见学习任务一中引导问题6。

## 引导问题7 识别动力系统组成

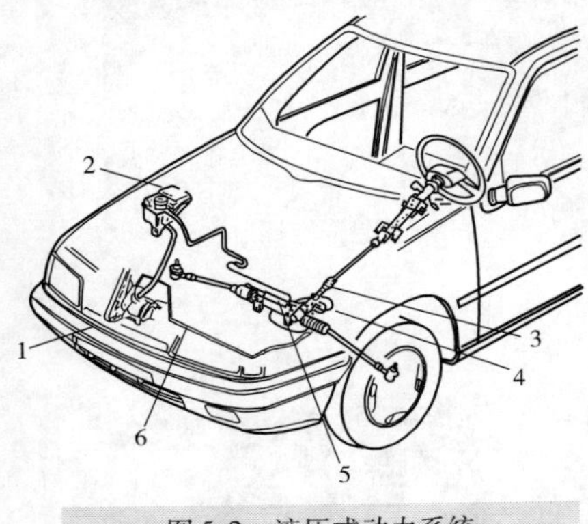


图5-2 液压式动力系统

液压式动力系统如图5-2所示。

1 ________。

2 ________。

3 ________。

4 ________。

5 ________。

6 ________。

## 引导问题8 作业时需要哪些工具、材料和设备?

(1)鲤鱼钳、17mm和22mm开口扳手、棘轮扳手、短接杆、套筒(10mm、19mm)、冲击扳手、球头销专用拆卸工具、世达86件套等。

(2)工具车、油盘、气源、举升机、干净抹布。

(3)爱丽舍轿车维修手册。

依据4S原则,将本任务所需的工具从工具箱中清理出来,放在工具车上,如图5-3所示。

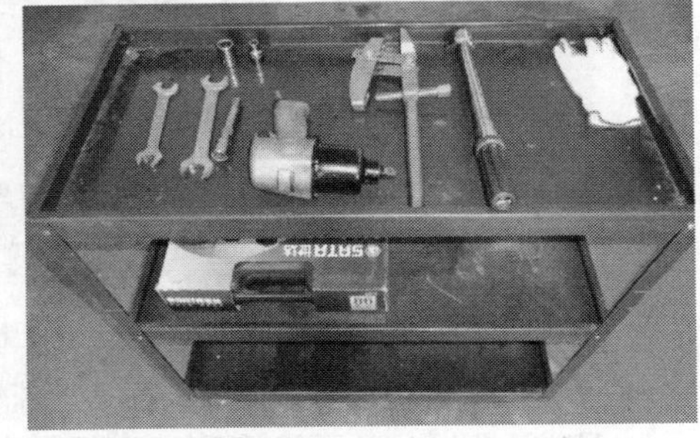

图5-3 工具车

## 引导问题9 作业前的准备有哪些?

参见学习任务一中引导问题8。

## 引导问题10 对爱丽舍轿车液压泵的拆检步骤是怎样的?

### 1 爱丽舍轿车液压泵拆卸步骤

(1)按照学习任务四中的步骤,先将液压系统中的油液排放干净。

(2)松开连接在液压泵上的储液罐出油管卡箍,并将出油管拔出,如图5-4所示。

(3)松开传动带张紧轮固定螺栓(上下各一颗),如图5-5所示。

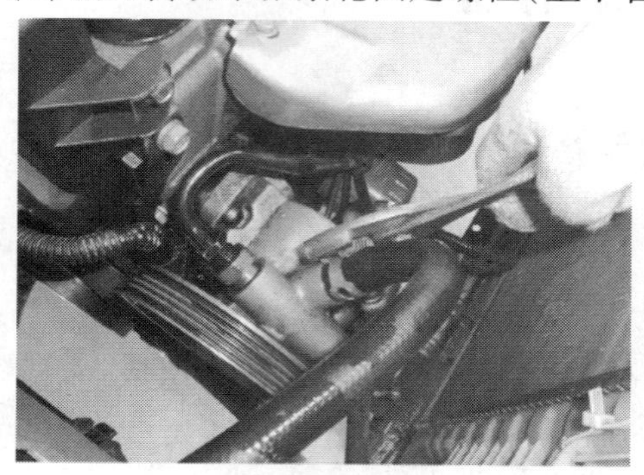

图5-4　松开出油管卡箍,并将出油管拔出

图5-5　松开张紧轮固定螺栓

(4)松开张紧轮调整螺钉,如图5-6所示。

(5)取下液压泵带轮上的传动带,如图5-7所示。

图5-6　松开张紧轮调整螺钉

图5-7　取下液压泵带轮上的传动带

(6)配合使用17mm和22mm开口扳手松卸液压泵出油管接头及喉管,如图5-8所示。

(7)用棘轮扳手拆卸液压泵固定螺钉,如图5-9所示。

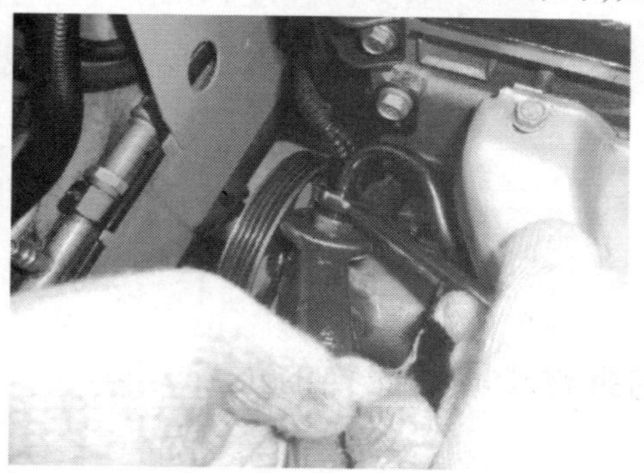

图5-8　松卸液压泵出油管接头及喉管

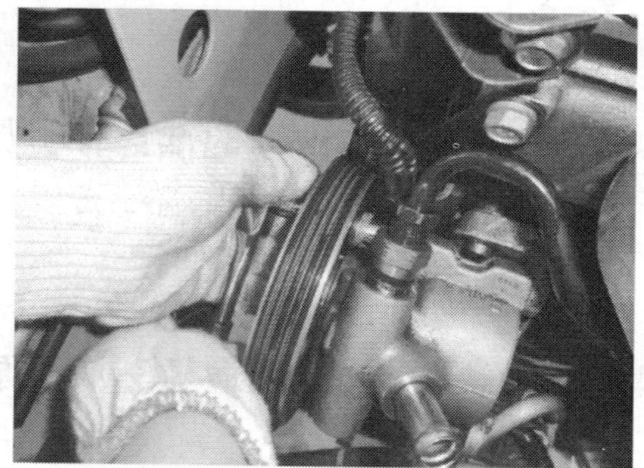

图5-9　拆卸液压泵固定螺钉

(8)将液压泵取下并放置在干净的油盘中,以免液压泵内的残余油液渗漏,如图5-10所示。

## 2 对液压泵进行检查

在完成液压泵的拆卸步骤后,应在油盘中对液压泵进行如下步骤的检查。

(1)将调节器活塞及弹簧取出,如图 5-11 所示。

图 5-10 取下液压泵并放置在干净的油盘中

图 5-11 取出调节器活塞及弹簧

(2)检查活塞的磨损情况并视情更换,如图 5-12 所示。

(3)检查活塞各油孔有无堵塞情况,如图 5-13 所示。

图 5-12 检查活塞磨损情况

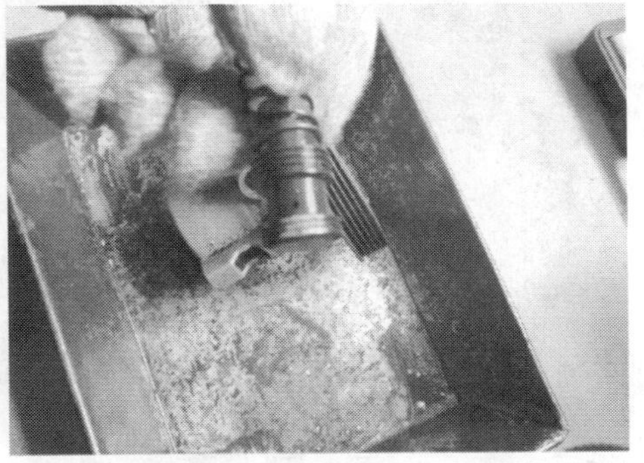

图 5-13 检查活塞各油孔有无堵塞

(4)依照后拆先装、先拆后装的原则将维修后的液压泵重新安装到汽车上,并按照表5-1中的拧紧力矩调整螺栓、螺母并将传动带挠度调整到 13 ~ 14mm。

(5)操作完成后清洁、整理工具,如图 5-14 所示。

转向系统螺栓、螺母拧紧力矩(N · m) 表 5-1

| 序 号 | 名 称 | 拧紧力矩 |
|---|---|---|
| 1 | 转向器固定螺栓 | 40 |
| 2 | 转向柱万向节紧固螺母 | 25 |
| 3 | 转向柱万向节与转向器的紧固螺母 | 25 |
| 4 | 转向柱固定螺母 | 17 |
| 5 | 转向盘锁紧螺母 | 35 |
| 6 | 转向球头销螺母 | 35 |

图 5-14 清洁、整理工具

## 引导问题 11　对爱丽舍轿车旋转阀的更换步骤是怎样的?

爱丽舍轿车旋转阀更换步骤如下。

(1)预松轮胎螺栓。车辆未举升时,扭力扳手调整至最大扭力进行预松,如图 5-15 所示。

(2)安装举升机支撑臂至车身举升处,如图 5-16 所示。

图 5-15　预松轮胎螺栓

图 5-16　安装举升机支撑臂至车身举升处

(3)确定支撑安全后可将汽车举升(一人观察确认,另一人操纵举升机),如图 5-17 所示。

(4)将汽车举升少许,检查支撑是否可靠,如图 5-18 所示。

图 5-17　确定支撑安全

图 5-18　检查支撑是否可靠

(5)将汽车举升至合适高度,打开油缸阀门.使举升机保险锁锁止可靠,如图 5-19 所示。

(6)将冲击扳手与气管连接,调整旋向至反时针方向,如图 5-20 所示。

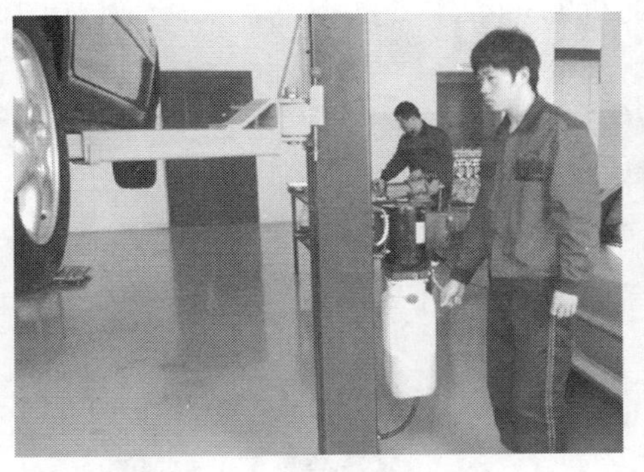

图5-19　举升机保险锁锁止可靠

图5-20　冲击扳手与气管连接

(7)两人合作,拆卸两前轮轮胎,如图5-21所示。

(8)将两侧转向球头销锁紧螺母松卸,如图5-22所示。

图5-21　两人合作,拆卸轮胎

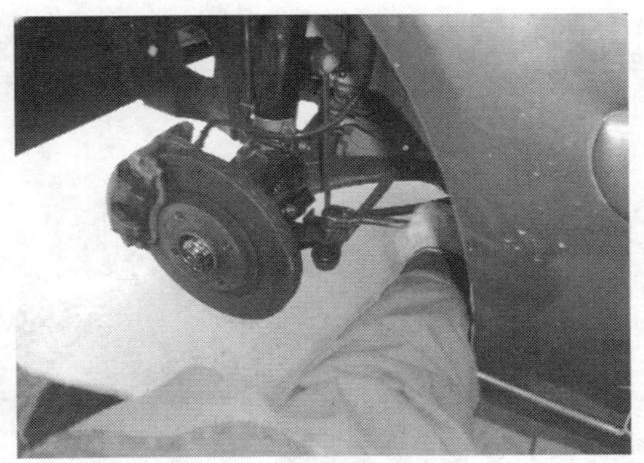

图5-22　拆卸转向球头销锁紧螺母

(9)使用专用工具拆卸球头销,如图5-23所示。

(10)在转向控制机构与转向器连接部位作标记,并拆卸,如图5-24所示。

图5-23　拆卸球头销

图5-24　在转向管柱与转向器连接处作标记并拆卸

(11)在转向器正下方放置油盘,防止后续的拆卸过程中油液渗漏污染场地,如图5-25所示。

(12)拆卸转向器旋转阀连接油管,如图5-26所示。

图5-25　放置油盘防止渗漏污染

图5-26　拆卸转向器旋转阀连接油管

(13)拆卸转向器与车架连接螺母,如图5-27所示。

(14)松卸底盘托架固定螺栓,使转向器连同助力缸有足够的间隙被取出,如图5-28所示。

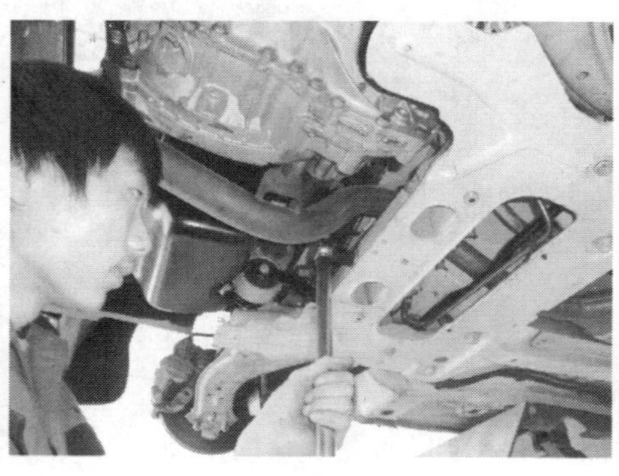

图5-27　拆卸转向器与车架连接螺母

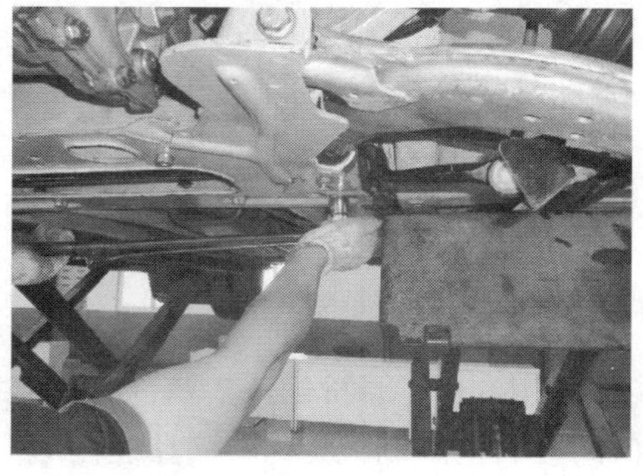

图5-28　松卸底盘托架固定螺栓

(15)将转向器连同助力缸从底盘缝隙中取出,如图5-29所示。

(16)将取出后的转向器及助力缸放置在工具车上,如图5-30所示。

(17)分别松卸连通助力缸与旋转阀的两根油管,如图5-31所示。

(18)松卸旋转阀固定螺栓,如图5-32所示。

(19)松卸旋转阀边盖,如图5-33所示。

(20)将旋转阀取出检查,若有故障,则更换新旋转阀,如图5-34所示。

(21)更换完成后,依照后拆先装、先拆后装的原则将维修后转向器重新安装到汽车上,安装时注意下列事项。

①应校对好转向轴的位置,保证转向盘、转向轴和小齿轮之间的正确装配关系。

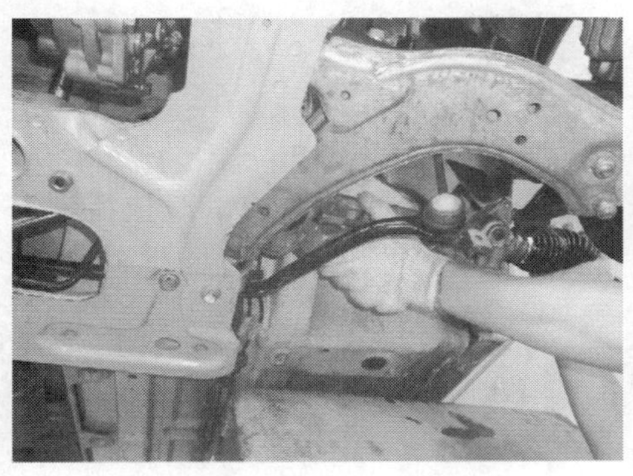

图 5-29　取出转向器及助力缸

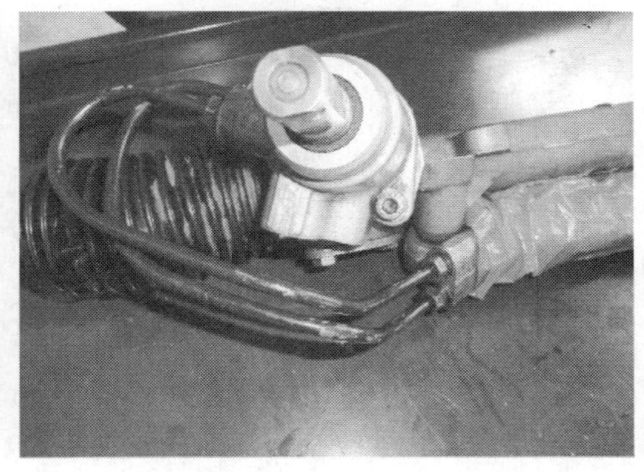

图 5-30　放置转向器及助力缸

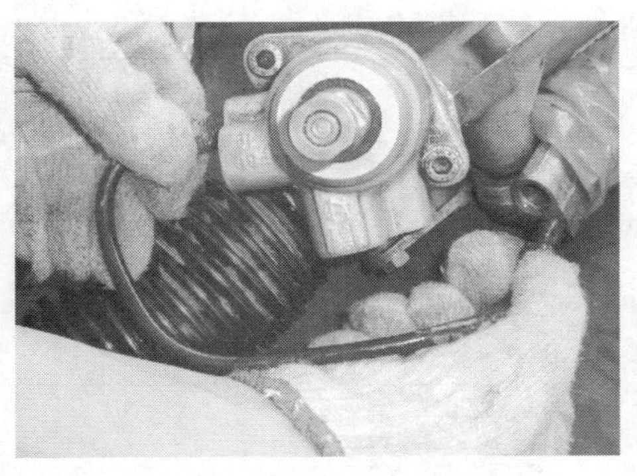

图 5-31　松卸连通旋转阀与助力缸的两根油管

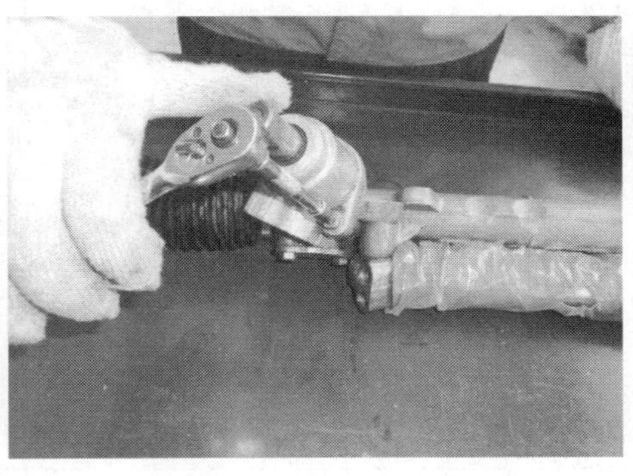

图 5-32　松卸旋转阀固定螺栓

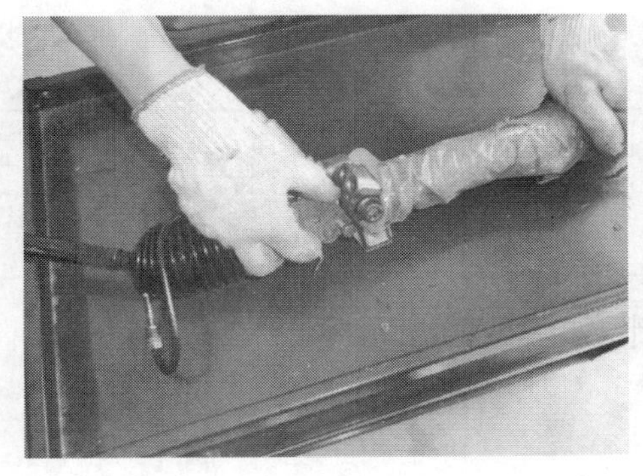

图 5-33　松卸旋转阀边盖

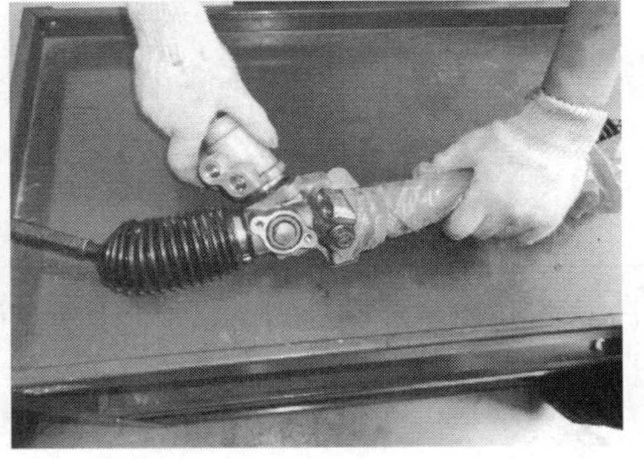

图 5-34　取出旋转阀

②将各紧固螺母换上新螺母,并按表 5-1 规定的力矩拧紧各紧固螺栓、螺母。

③检查调整前轮的前束,使之恢复正常,并确保左右前轮具有相同的前束,最后紧固防尘套外箍圈和横拉杆端的锁紧螺母。

(22)操作完成后清洁、整理工具,如图 5-14 所示。

## 三、评价反馈

1. 对本学习任务进行评价：各小组人员对学习本学习任务时的表现情况依据评分表进行评价，见表5-2。

评　价　表　　表5-2

| 考核项目 | 评分标准 | 分数 | 学生自评 | 小组评价 | 教师评价 | 小计 |
|---|---|---|---|---|---|---|
| 团队合作 | 是否和谐 | 5 | | | | |
| 活动参与 | 是否主动 | 5 | | | | |
| 安全生产 | 有无安全隐患 | 10 | | | | |
| 现场5S | 是否做到 | 10 | | | | |
| 任务方案 | 是否合理 | 15 | | | | |
| 操作过程 | 1. 作业前的准备；<br>2. 液压泵的检修；<br>3. 旋转阀的更换 | 30 | | | | |
| 任务完成情况 | 是否圆满完成 | 5 | | | | |
| 操作过程 | 是否标准规范 | 10 | | | | |
| 劳动纪律 | 是否严格遵守 | 5 | | | | |
| 工单填写 | 是否完整、规范 | 5 | | | | |
| 总　分 | | 100 | | | | |
| 教师签名 | | | | 得　分 | | |

2. 在实施作业的过程中是否存在一些安全隐患？请找出容易忽视的地方。

3. 口述本次操作维护的流程。

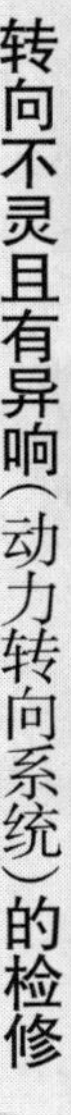


## 四、学习拓展

1. 查阅资料,说明爱丽舍车型调节器活塞及旋转阀的使用寿命分别是多少?

2. 液压式动力转向系统优缺点有哪些?

3. 简述电动式动力转向系统的结构及工作原理。

4. 电动式动力转向系统的优缺点有哪些?

# 学习任务六

## 行驶颠簸故障的诊断与排除

**学习目标**

完成本学习任务后，你应当能：

1. 叙述汽车悬架系统的组成和作用；
2. 区别不同类型的前悬架；
3. 根据对悬架的工作情况测试，找出故障并实施检修；
4. 对检修后的质量进行检验；
5. 运用所学的知识分析悬架的典型故障；
6. 正确地使用工具和设备，并保证生产安全。

**建议完成本学习任务的时间为 10 课时。**

### 学习任务描述

一辆爱丽舍 1.6L 轿车，车主反映最近发现该车在行驶中前轮左侧抖动较重，产生左右摇摆颠簸。请你对汽车进行检测，确定故障部位并进行修理。

### 学习内容

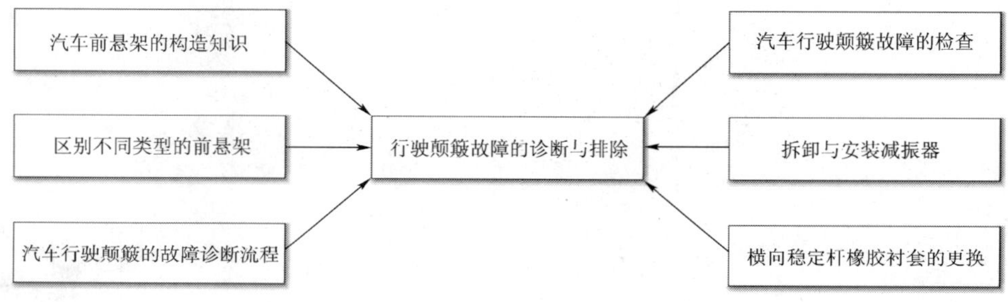

# 一、资料收集

## 引导问题1 汽车悬架的作用是什么，其组成和结构是怎样的？

汽车悬架是车架（或车身）与车轴（或车轮）之间的弹性连接装置的统称。

### 1 汽车悬架的作用

弹性地连接车桥和车架（或车身），缓和行驶中车辆受到的冲击力，保证货物完好和人员舒适；衰减由于弹性系统引进的振动，使汽车行驶中保持稳定的姿势，改善操纵稳定性；同时悬架系统承担着传递垂直反力、纵向反力（牵引力和制动力）和侧向反力以及这些力所造成的力矩作用到车架（或车身）上，以保证汽车行驶平顺；并且当车轮相对车架跳动时，特别在转向时，车轮运动轨迹要符合一定的要求，因此悬架还起使车轮按一定轨迹相对车身跳动的导向作用。

悬架结构形式和性能参数的选择合理与否，直接对汽车行驶平顺性、操纵稳定性和舒适性有很大的影响。由此可见悬架系统在现代汽车上是重要的总成之一。安装位置如图6-1所示。

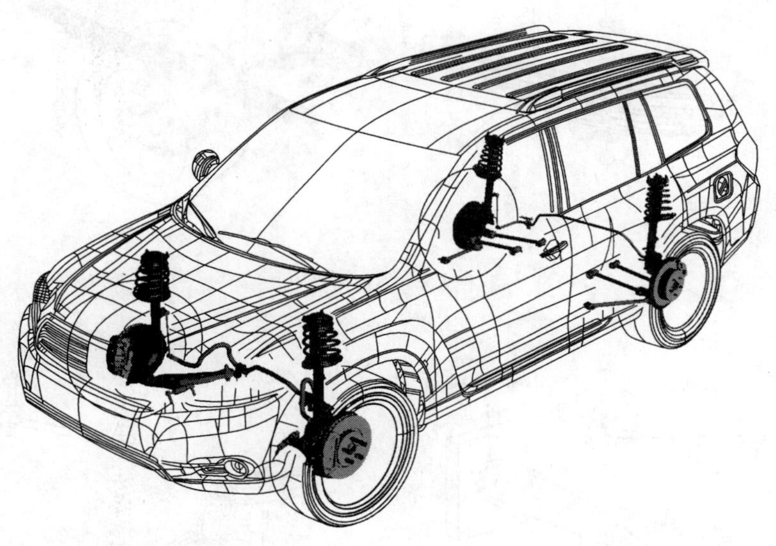

图6-1　悬架的安装位置

### 2 汽车悬架的组成

本项任务主要介绍前悬架。一般悬架由弹性元件、导向机构、减振器和横向稳定杆组成，如图6-2所示。

## 3 汽车悬架的构造

（1）弹性元件用来承受并传递垂直载荷，缓和由于路面不平引起的对车身的冲击。弹性元件有钢板弹簧、螺旋弹簧、扭杆弹簧、油气弹簧、空气弹簧和橡胶弹簧等类型。各种弹簧结构如图 6-3 ~ 图 6-6 所示。

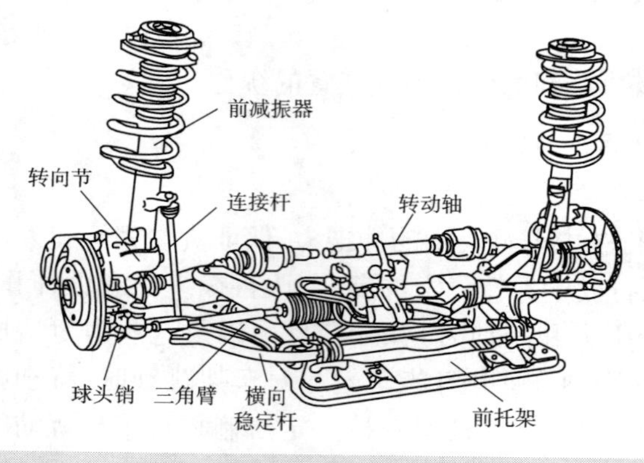


图 6-2　汽车前悬架的组成

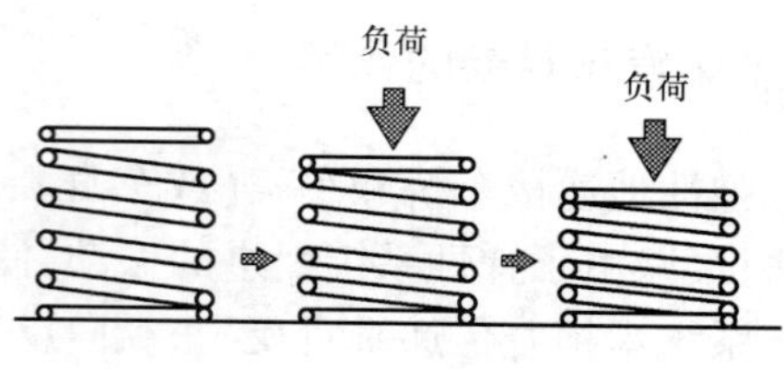


图 6-3　螺旋弹簧

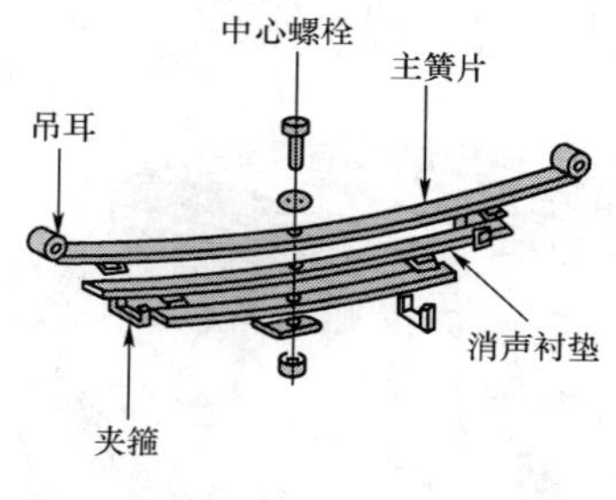


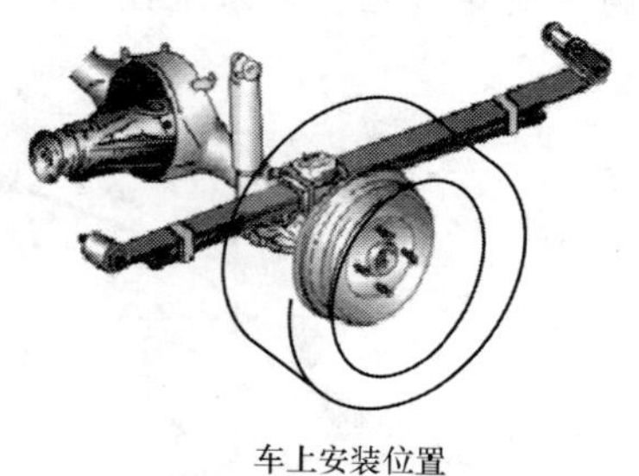


图 6-4　钢板弹簧

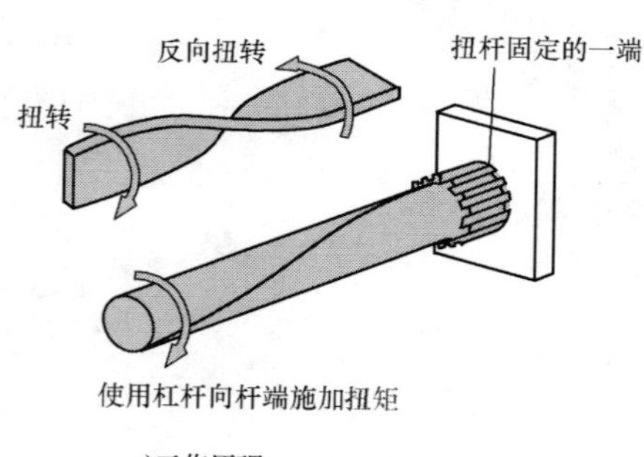


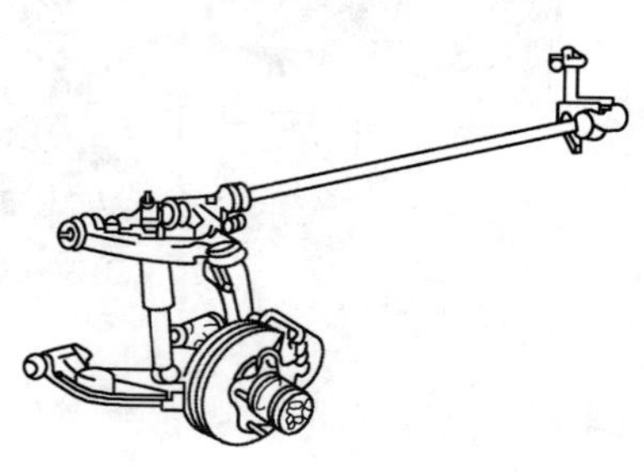


图 6-5　扭杆弹簧

(2)减振器用来衰减由于弹性系统引起的振动,减振器的类型有筒式减振器、阻力可调式减振器、充气式减振器。其安装位置和工作特性如图 6-7 所示。

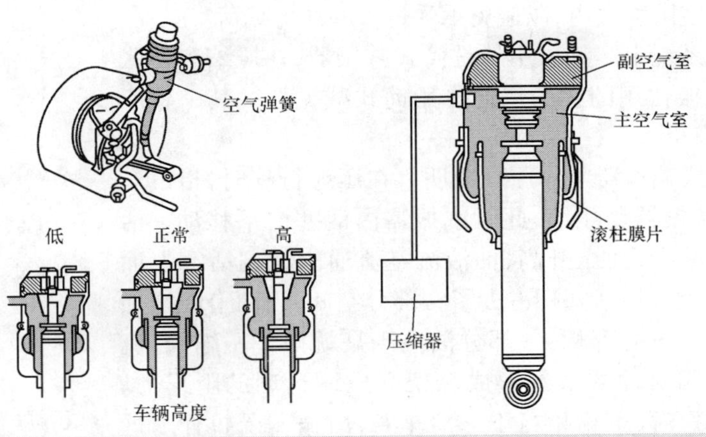


图 6-6　空气弹簧

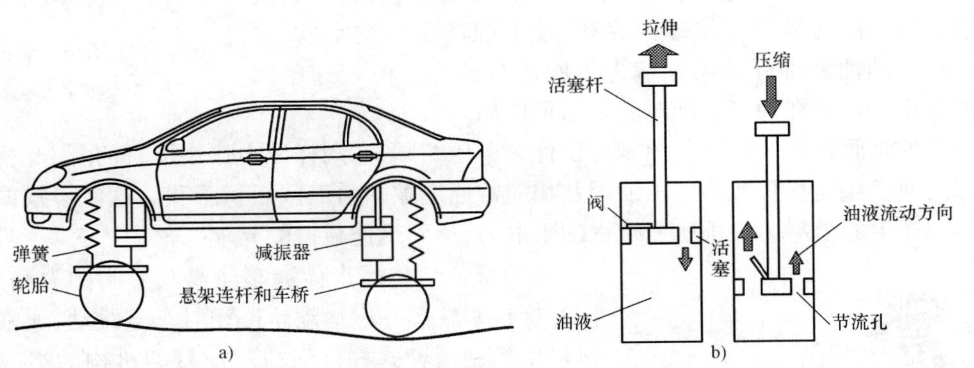


图 6-7　减震器安装位置和工作特性

悬架系统中由于弹性元件受冲击产生振动,为改善汽车行驶平顺性,悬架中与弹性元件并联安装减振器,为衰减振动,汽车悬架系统中采用减振器多是液力减振器,其工作原理是当车架(或车身)和车桥间受振动出现相对运动时,减振器内的活塞上下移动,减振器腔内的油液便反复地从一个腔经过不同的孔隙流入另一个腔内。此时孔壁与油液间的摩擦和油液分子间的内摩擦对振动形成阻尼力,使汽车振动能量转化为油液热能,再由减振器吸收散发到大气中。在油液通道截面和等因素不变时,阻尼力随车架与车桥(或车轮)之间的相对运动速度增减,并与油液黏度有关。

减振器与弹性元件承担着缓冲击和减振的任务,阻尼力过大,将使悬架弹性变坏,甚至使减振器连接件损坏。因而要调节弹性元件和减振器这一矛盾。

①在压缩行程,减振器阻尼力较小,以便充分发挥弹性元件的弹性作用,缓和冲击。这时,弹性元件起主要作用。

②在悬架伸张行程中(车桥和车架相互远离),减振器阻尼力应大,迅速减振。

③当车桥(或车轮)与车桥间的相对速度过大时,要求减振器能自动加大液流量,使阻尼力始终保持在一定限度之内,以避免承受过大的冲击载荷。

在汽车悬架系统中广泛采用的是筒式减振器,在压缩和伸张行程中均能起减振作用的称为双向作用筒式减振器。其工作原理如图6-8所示。

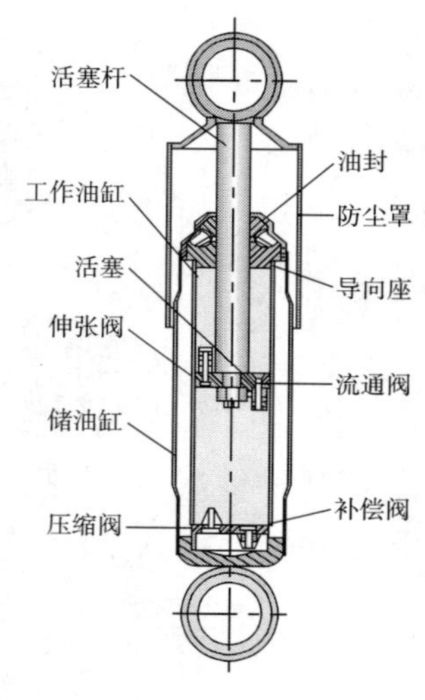


图6-8　双向作用筒式减振器示意图

双向作用筒式减振器工作原理说明。在压缩行程时,指汽车车轮移近车身,减振器受压缩,此时减振器内活塞向下移动。活塞下腔室的容积减少,油压升高,油液流经流通阀流到活塞上面的腔室(上腔)。上腔被活塞杆占去了一部分空间,因而上腔增加的容积小于下腔减小的容积,一部分油液于是就推开压缩阀,流回储油缸。这些阀对油的节约形成悬架受压缩运动的阻尼力。减振器在伸张行程时,车轮相当于远离车身,减振器受拉伸。这时减振器的活塞向上移动。活塞上腔油压升高,流通阀关闭,上腔内的油液推开伸张阀流入下腔。由于活塞杆的存在,自上腔流来的油液不足以充满下腔增加的容积,使下腔产生一真空度,这时储油缸中的油液推开补偿阀流进下腔进行补充。由于这些阀的节流作用对悬架在伸张运动时起到阻尼作用。

由于伸张阀弹簧的刚度和预紧力设计大于压缩阀,在同样压力作用下,伸张阀及相应常通缝隙的通道截面积总和小于压缩阀及相应常通缝隙的通道截面积总和。这使得减振器的伸张行程产生的阻尼力大于压缩行程的阻尼力,达到迅速减振的要求。

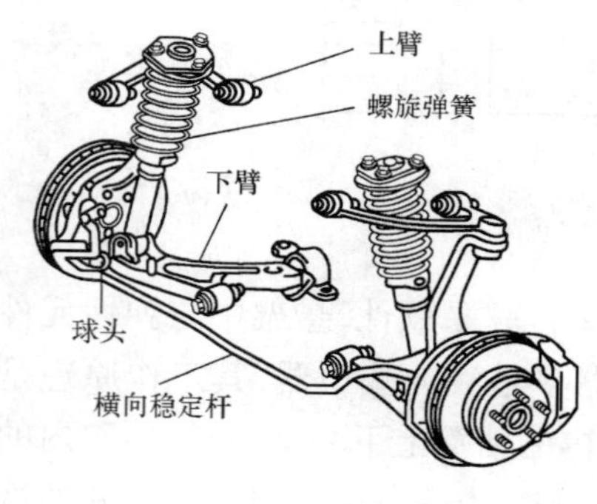


图6-9　前悬架机构的组成

(3)导向机构用来传递车轮与车身间的力和力矩,同时保持车轮按一定运动轨迹相对车身跳动,通常导向机构由控制摆臂式杆件组成。前悬架机构的组成如图6-9所示。

①上臂与减振器和螺旋弹簧一起,传递垂直方向的力及力矩。

②球头连接上臂与下臂,使前轮可以自由地进行前后左右倾斜或旋转,因此可避免部件之间安装位置发生直接碰撞,使悬架工作柔顺。

③下臂除与上臂组合传递垂直方向的力外,还传递汽车驱动及制动时的纵向力及力矩,故下臂制成三角形,有时又称三角臂。

④横向稳定杆由弹簧钢制成,呈扁平的U形,横向地安装在汽车前端或后端(也有轿车前后都装横向稳定器)。杆中部的两端自由地支撑在两个橡胶套筒内,套筒固定于车架上。横向稳定杆两侧纵向部分的末端通过支杆与悬架下摆臂上的弹簧支座相连。

当两则悬架变形相同时,横向稳定器不起作用。当两侧悬架变形不等时,车身相对路面横向倾斜时，车架一侧移近弹簧支座，稳定杆的同侧末端就随车架向上移动，而另一侧车架远离弹簧座，相应横向稳定杆的末端相对车架下移，横向稳定杆中部对于车架没有相对运动，而稳定杆两边的纵向部分向不同方向偏转，于是稳定杆被扭转。弹性的稳定杆产生扭转内力矩就阻碍悬架弹簧的变形，减少了车身的横向倾斜和横向角振动，如图 6-10 所示。

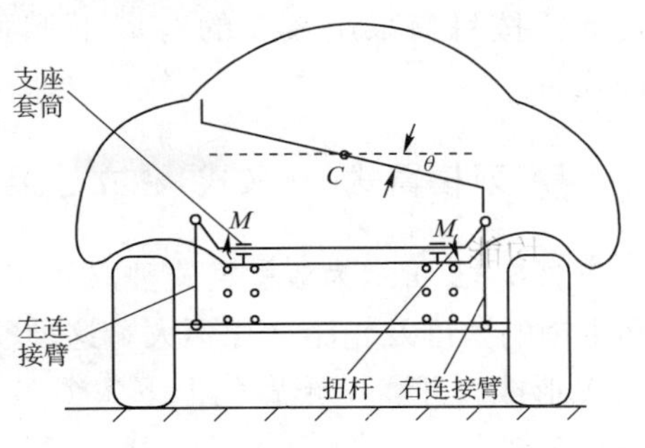

图 6-10 横向稳定杆的作用

θ-车身横向倾角；M-变扭力矩；C-质心

## 引导问题 2 汽车悬架的类型有哪些？

根据汽车导向机构不同，悬架种类可分为独立悬架和非独立悬架。

### 1 非独立悬架

非独立悬架如图 6-11a）所示。其特点是两侧车轮安装于一整体式车桥上，当一侧车轮受冲击力时会直接影响到另一侧车轮，当车轮上下跳动时定位参数变化小。若采用钢板弹簧作弹性元件，它可兼起导向作用，使结构大为简化，降低成本。目前广泛应用于货车和大型客车上，有些轿车后悬架也有采用的。非独立悬架由于非簧载质量比较大，高速行驶时悬架受到冲击载荷比较大，平顺性较差。

### 2 独立悬架

独立悬架是两侧车轮分别独立地与车架（或车身）弹性连接，当一侧车轮受冲击，其运动不直接影响到另一侧车轮，独立悬架所采用的车桥是断开式的。这样使得发动机可放低安装，有利于降低汽车质心，并使结构紧凑。独立悬架允许前轮有大的跳动空间，有利于转向，便于选择软的弹簧元件使平顺性得到改善。同时独立悬架非簧载质量小，可提高汽车车轮的附着性，如图 6-11b）所示。

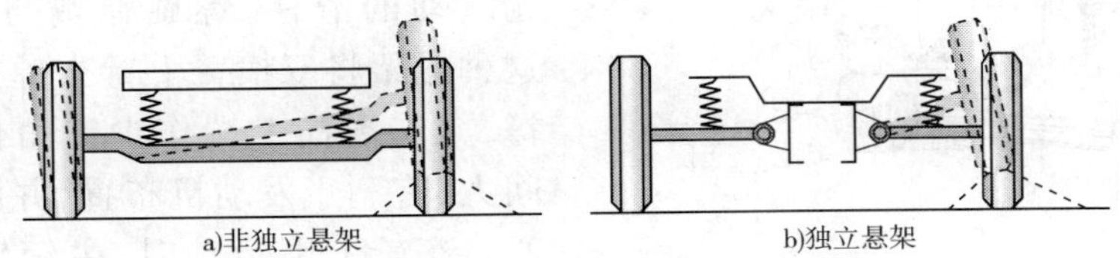

图 6-11 悬架类型示意图

## 引导问题 3 独立悬架有哪几种形式？

独立悬架可分为：双横臂、单横臂、纵臂式、单斜臂、多杆式及滑柱（杆）连杆（摆臂）

式等。按目前采用较多的有以下四种形式:双横臂式、滑柱连杆式、斜置单臂式、多连杆式。

### 1 双横臂式(双叉式)独立悬架

图6-12 所示为双横臂式独立悬架。上下两摆臂不等长,选择长度比例合适,可使车轮和主销的角度及轮距变化不大。这种独立悬架被广泛应用在轿车前轮上。双横臂的臂有做成A形或V形。V形臂的上下2个V形摆臂以一定的距离,分别安装在车轮上,另一端安装在车架上。

不等臂双横臂上臂比下臂短。当汽车车轮上下运动时,上臂比下臂运动弧度小。这将使轮胎上部轻微地内外移动,而底部影响很小。这种结构有利于减少轮胎磨损,提高汽车行驶平顺性和方向稳定性,如图6-13 所示。

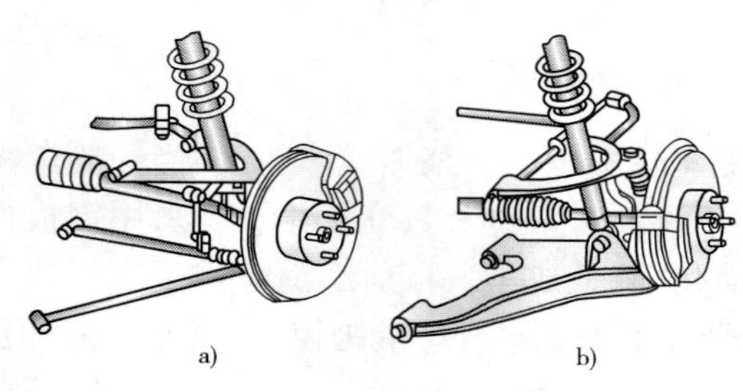


图6-12　双横臂式(双叉式)独立悬架

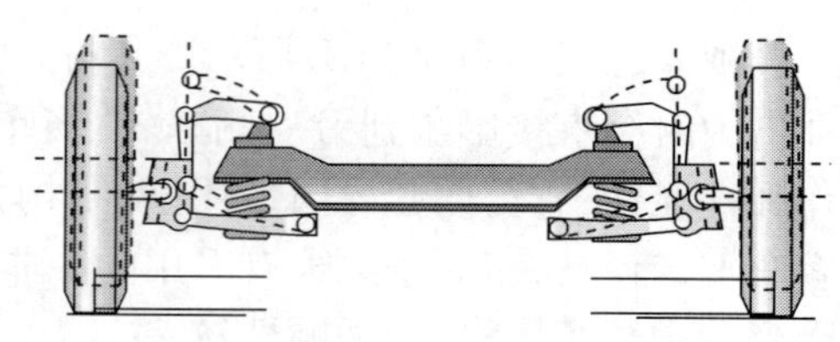

图6-13　不等臂双横臂式(双叉式)独立悬架工作状况

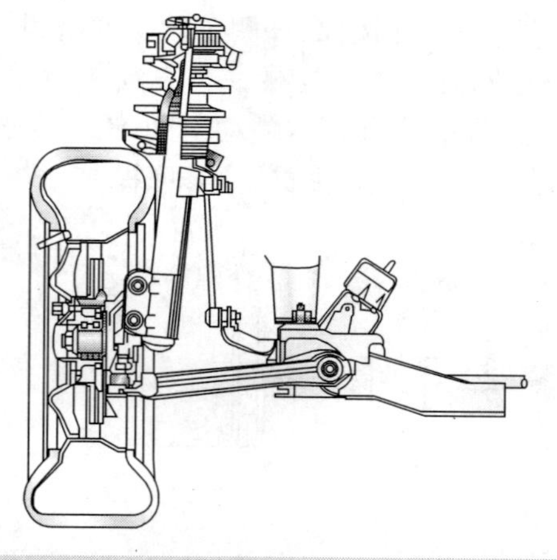

图6-14　麦弗逊独立悬架

### 2 滑柱连杆式独立悬架

这种悬架通常称为麦弗逊独立悬架,目前在轿车中采用很多,如图6-14 所示。

滑柱摆臂式悬架将减振器作为引导车轮跳动的滑柱,螺旋弹簧与其装于一体。这种悬架将双横臂上臂去掉并以橡胶做支撑,允许滑柱上端作少许角位移。内侧空间大,有利于发动机布置,并降低汽车的质心。车轮上下运动时,主销轴线的角度会有变化,这是因为减振器下端支点随横摆臂摆动。以上问题可通过调整杆系设计布置合理得到解决。

### 3 斜置单臂式独立悬架

斜置单臂式独立悬架如图6-15 所示,是单横臂和单纵臂独立悬架的折中方案。其摆臂绕与汽车纵轴线具有一定交角的轴线摆动，选择合适的交角可以满足汽车操纵稳定性要求。这种悬架适于做后悬架。

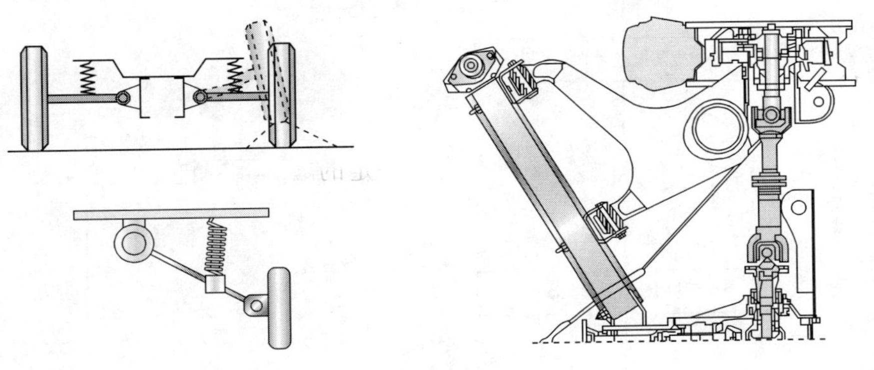

图 6-15　斜置单臂式独立悬架

## 4 多连杆式独立悬架

独立悬架中多采用螺旋弹簧，因而对于侧向力、垂直力以及纵向力需加设导向装置，即采用杆件来承受和传递这些力。因而一些轿车上为减轻车质量和简化结构采用多杆式悬架，如图 6-16 所示。

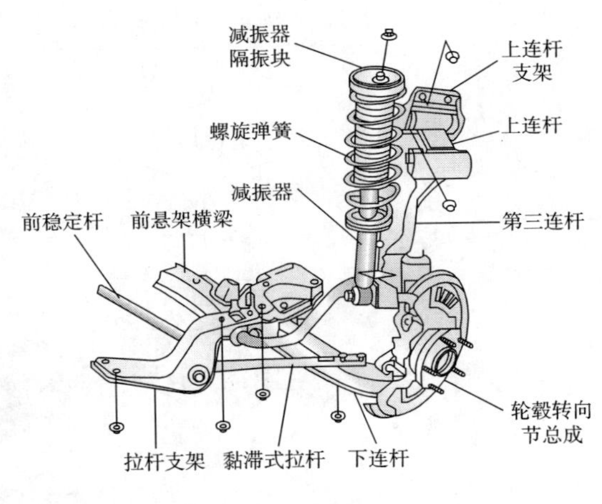


图 6-16　多连杆式独立悬架

上连杆用支架与车身（或车架）相连，上连杆外端与第三连杆相连。上连杆的两端都装有橡胶隔振套。第三连杆的下端通过重型止推轴承与转向节连接。下连杆与普通的下摆臂相同，下连杆的内端通过橡胶隔振套与前横梁相连接。球铰将下连杆的外端与转向节相连。多连杆式独立前悬架系统的主销轴线从下球铰延伸到上面的轴承，它与上连杆和第三连杆无关。多连杆式独立悬架系统具有良好操纵稳定性，可减小轮胎磨损。这种悬架减振器和螺旋弹簧不像麦弗逊悬架那样沿转向节转动。

## 引导问题 4　汽车左前行驶颠簸的故障诊断流程是怎样的?

当汽车行驶中，左前出现颠簸的故障时，应从悬架的弹性元件、减振元件、稳定杆衬套以及悬架的连接部件进行检查，查出故障，进行修理，应按照规定的故障诊断流程进行分析，如图 6-17 所示。

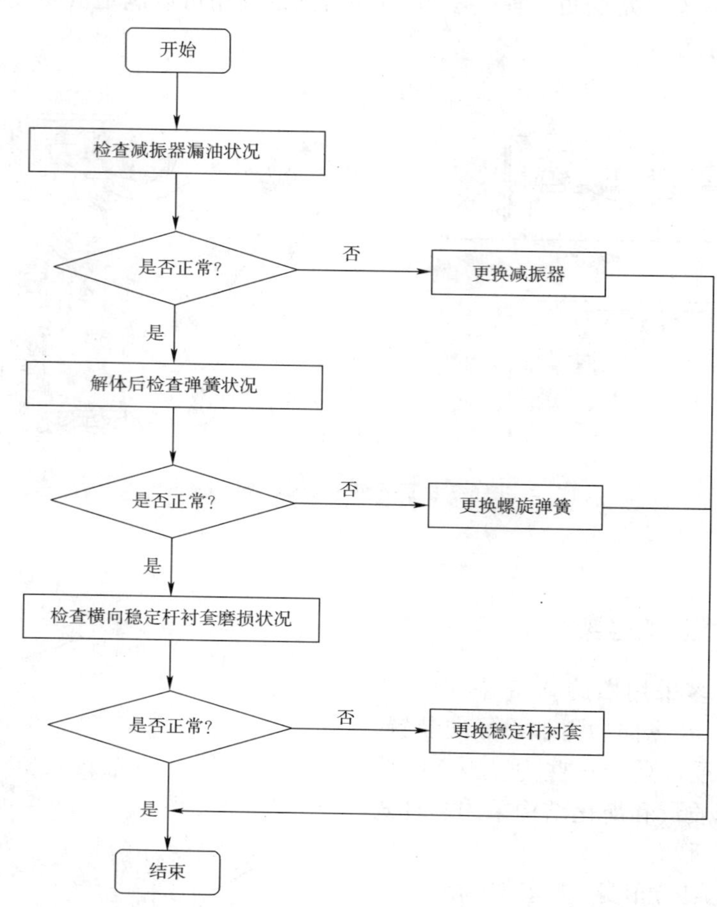


图 6-17　汽车行驶颠簸的故障诊断流程图

## 二、实施作业

### 引导问题 5　通过查询与查找填写以下信息。

参见学习任务一中引导问题 6。

### 引导问题 6　汽车左前颠簸故障的检查是怎样检查的?

#### 1 道路试验检查

根据客户反映的情况,选择适应的路况和行驶状态再现故障发生时的状况。

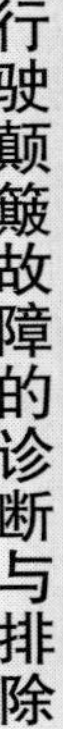


## 2 基本检查

### 1 就车检查减振器的工作状况

首先进行悬架的就车测试，将汽车前部左右两侧反复摇晃 3 ~4 次，每次推力尽量相同。回弹时，应注意支柱的阻力和车身回弹的次数。若松手后回弹1 ~2次，车身立即停止回弹，且左右两侧的回弹相同，则表明减振器正常，如图 6-18 所示。

### 2 前悬架外观检查

对前悬架外观进行目检，仔细查看减振器是否漏油、弯曲变形、防尘套老化及破裂、连接松动，如图 6-19、图 6-20 所示。

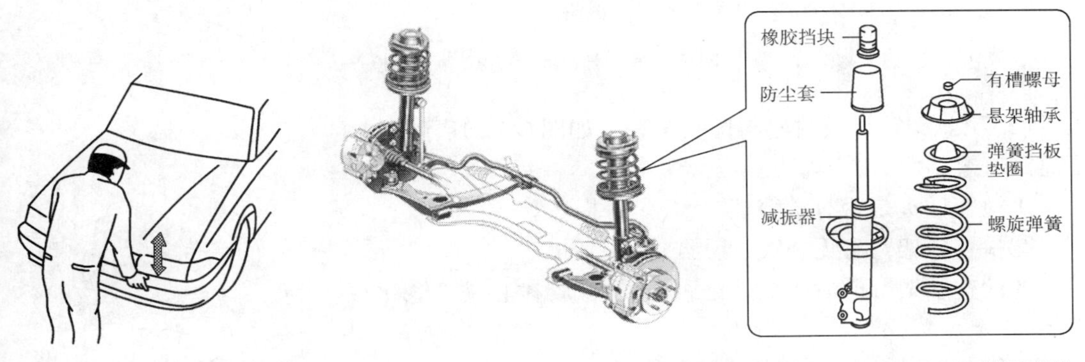


图 6-18　悬架就车检查

图 6-19　前悬架结构图

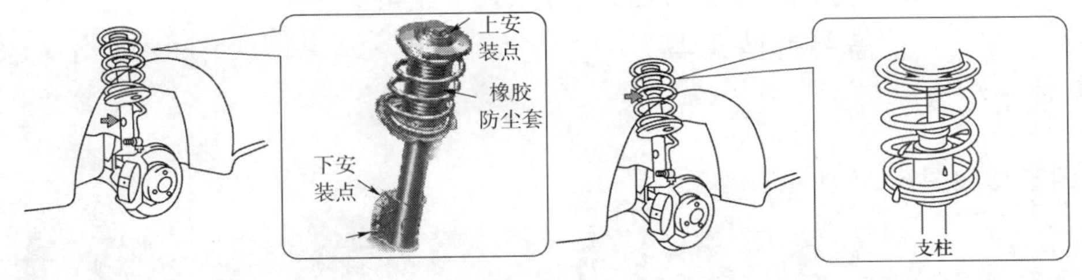


图 6-20　减振器和螺旋弹簧外观的检查

(1)减振器和螺旋弹簧外观的检查。

①检查减振器防尘套及缓冲块是否老化破裂。

②检查减振器是否有渗油或漏油。

③检查减振器上下安装点是否松动。

④检查减振器是否有弯曲或凹瘪。

⑤检查弹簧保护层是否腐蚀、刮伤、划痕或麻点。

⑥弹簧座圈上的橡胶垫是否变形或损坏。

(2)稳定杆铰接头和稳定杆衬套检查。如图6-21所示,举升车辆,使前悬架放下时,观察稳定杆铰接处是否松动,衬套是否老化出现裂痕损坏。

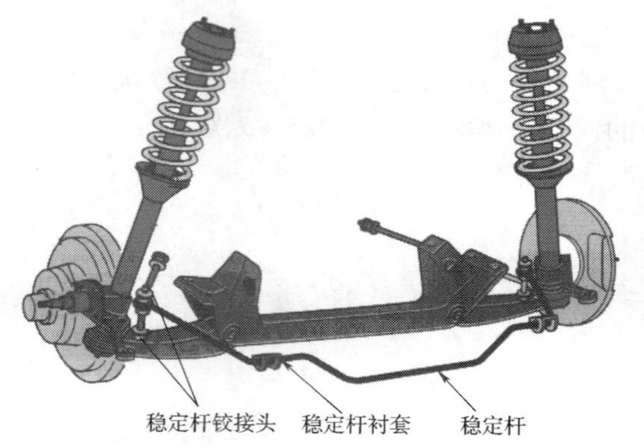


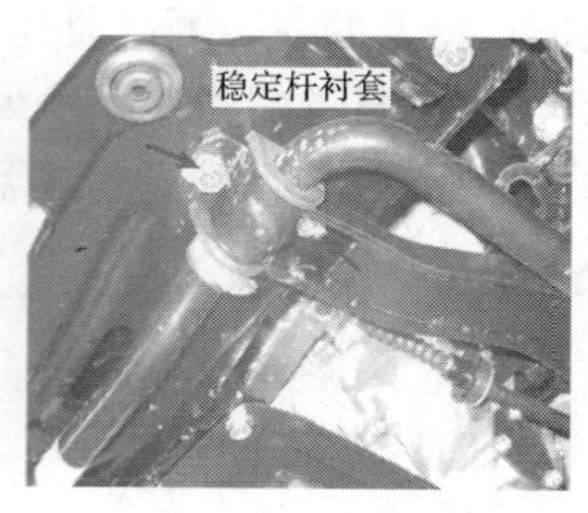


图6-21　稳定杆铰接头和稳定杆衬套检查

(3)下悬架臂橡胶衬套与球头检查。如图6-22所示,上下晃动下悬架臂,检查如下:

①检查球头是否有游隙、防尘套是否损坏。

②检查悬架臂有无裂纹、变形或损坏。

③检查悬架臂前后铰接处是否松动、橡胶衬套是否老化损坏。

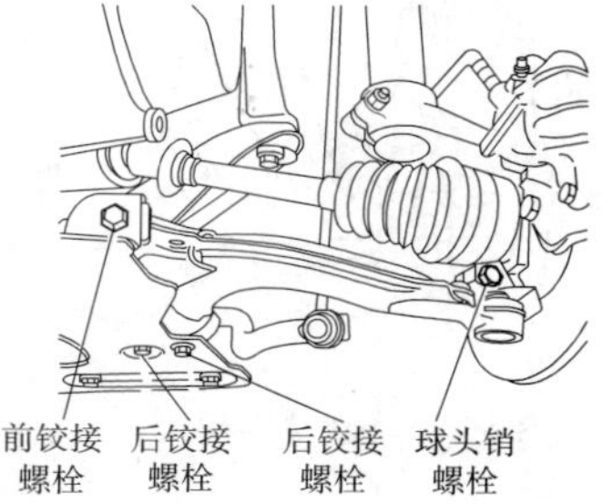


图6-22　下悬架臂与球头检查

**引导问题7**　**若经检查发现减振器已漏油,进行减振器的拆卸与安装作业时,需要哪些工具?**

## 1 通用工具

通用工具如图6-23所示。

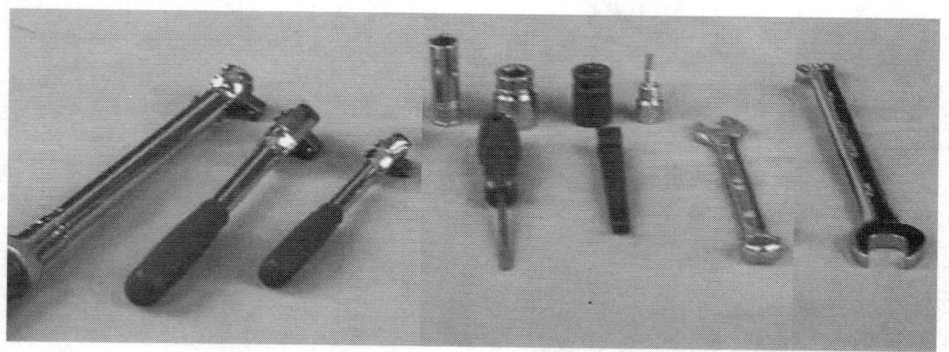

图6-23　通用工具

## 2 专用工具

(1)轮毂固定工具,如图 6-24 所示。

(2)传动轴螺母拆卸工具,如图 6-25 所示。

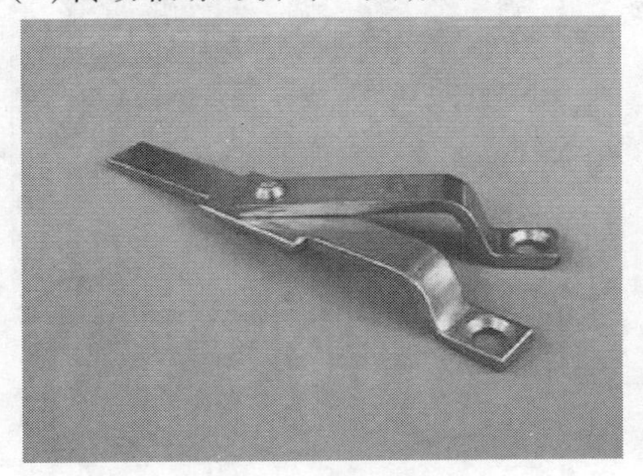

图 6-24 轮毂固定工具

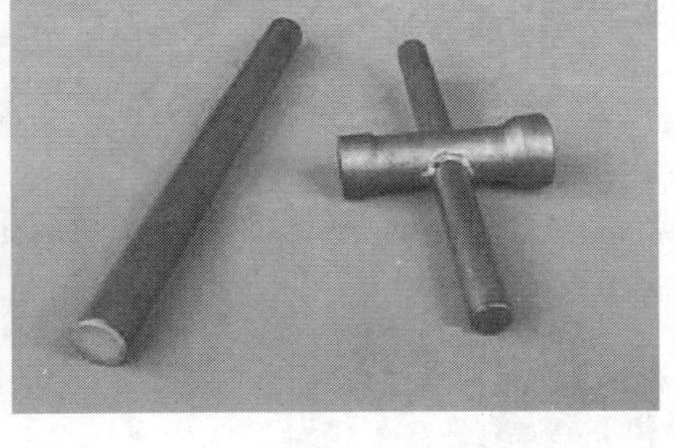

图 6-25 传动轴螺母拆卸工具

(3)转向节口分离杠,如图 6-26 所示。

(4)专用套筒,如图 6-27 所示。

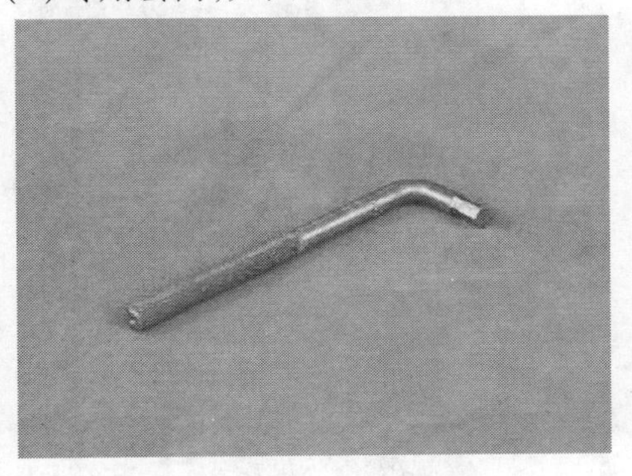

图 6-26 转向节口分离杠

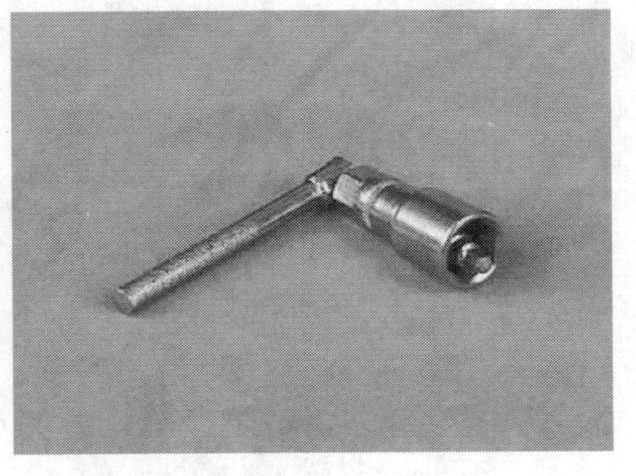

图 6-27 减振器轴承座专用套筒

(5)螺旋弹簧压缩工具,如图 6-28 所示。

# 引导问题 8 如何规范地进行减振器的拆卸与安装?

## 1 拆卸前减振器总成

(1)打开发动机罩,并支撑可靠,如图 6-29 所示。

(2)安装翼子板护垫,如图 6-30 所示。

(3)用专用工具取下车轮装饰罩,如图 6-31 所示。

(4)预松车轮螺栓,如图 6-32 所示。

(5)举升汽车少许,使车轮离地,如图 6-33 所示。

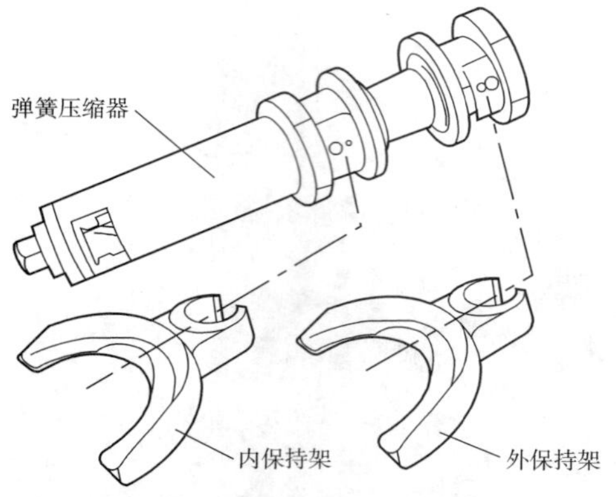


图6-28　螺旋弹簧压缩工具

图6-29　打开发动机罩

图6-30　安装翼子板护垫

图6-31　取下车轮装饰罩

图6-32　预松车轮螺栓

图6-33　举升汽车

(6)拆卸车轮螺栓,如图6-34所示。

(7)拆卸车轮,放置在规定的支架上,如图6-35所示。

(8)起动举升机,举升车辆至合适高度,如图6-36所示。

(9)拆卸开口销,取下螺母盖,如图6-37所示。

图 6-34　拆卸车轮螺栓

图 6-35　拆卸并放置车轮

图 6-36　举升车辆

图 6-37　拆卸开口销,取下螺母盖

(10)用专用工具固定轮毂,如图 6-38 所示。

**警告:**禁止以踩制动踏板的方式固定轮毂,否则有造成制动盘固定螺栓切断的危险。

(11)用轮毂套筒拆卸轮毂螺母,如图 6-39 所示。

图 6-38　用专用工具固定轮毂

图 6-39　拆卸轮毂螺母

(12)用橡胶锤轻敲传动轴,使传动轴与转向节松动,如图 6-40 所示。

(13)拆卸转向节与稳定杆连接螺母,将稳定杆移至一边,如图 6-41 所示。

图6-40　传动轴与转向节松动

图6-41　拆卸转向节与稳定杆连接螺母

(14)脱开油管和传感器线束,如图6-42所示。

(15)拆卸卡板螺栓,取下卡板,如图6-43所示。

图6-42　脱开油管和传感器线束

图6-43　拆卸卡板螺栓

(16)拆卸转向节开口螺母,如图6-44所示。

(17)将转向节分离杆插入转向节开口,并旋转90°,如图6-45所示。

图6-44　拆卸转向节开口螺母

图6-45　将转向节分离杆插入转向节开口

(18)分离减振器与转向节,如图6-46所示。

**警告:**不要损坏传动轴橡胶护套。

(19)拆卸减振器上部紧固螺栓,如图6-47所示。

图 6-46 分离在减振器与转向节

图 6-47 拆卸减振器上部紧固螺栓

(20)托住减振器,取下螺栓,如图 6-48 所示。

(21)取下减振器,如图 6-49 所示。

图 6-48 取下螺栓

图 6-49 取下减振器

(22)注意取下减振器时,保持传动轴与差速器的连接,如图 6-50 所示。

**警告:**取下减振器时,务必保持传动轴与差速器的连接状态。

## 2 分解减振器

(1)将弹簧压缩器紧固在台虎钳上,如图 6-51 所示。

图 6-50 保持传动轴与差速器的连接

图 6-51 将弹簧压缩器紧固在台虎钳上

(2)安装保持架,如图 6-52 所示。

**警告:**保持架上有 2F 和 2C 的一面朝外,如图 6-53 所示。

图 6-52　安装保持架

图 6-53　保持架上有 2F 和 2C 的一面朝外

(3)安装减振器在压缩器上,并压缩弹簧至减振器可以自由转动,如图 6-54 所示。

(4)用专用工具拆卸减振器头部螺母,如图 6-55 所示。

图 6-54　压缩弹簧至减振器可以自由转动

图 6-55　拆卸减振器头部螺母

(5)取下上支撑盖座,如图 6-56 所示。

(6)取下止推轴承座,如图 6-57 所示。

图 6-56　取下上支撑盖座

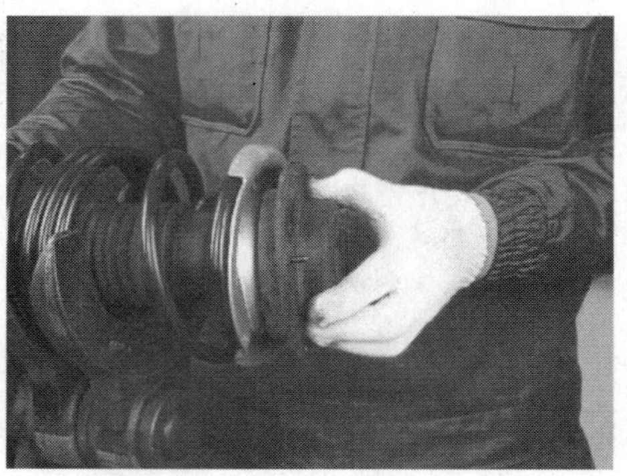

图 6-57　取下止推轴承座

(7)取下弹簧上支座,如图6-58所示。

(8)取下垫圈,如图6-59所示。

图6-58　取下弹簧上支座

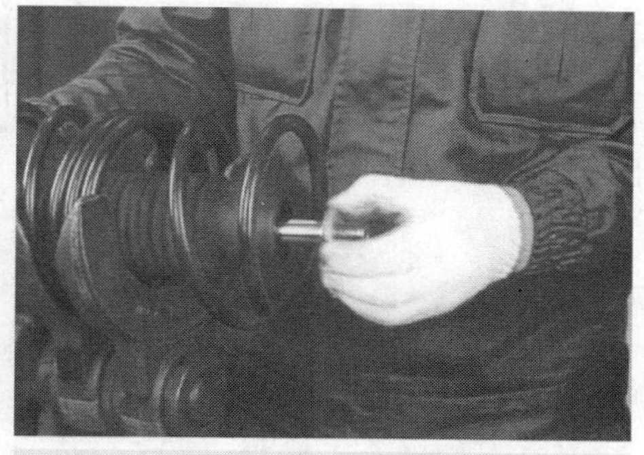
图6-59　取下垫圈

(9)取下减振器,如图6-60所示。

(10)取下减振器橡胶防护套,如图6-61所示。

图6-60　取下减振器

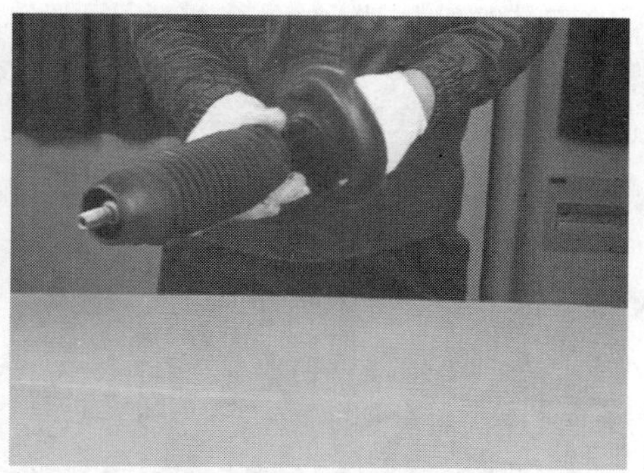
图6-61　取下减振器橡胶防护套

(11)取下弹性挡块,如图6-62所示。

(12)对分解后的零件进行清洁,如图6-63所示。

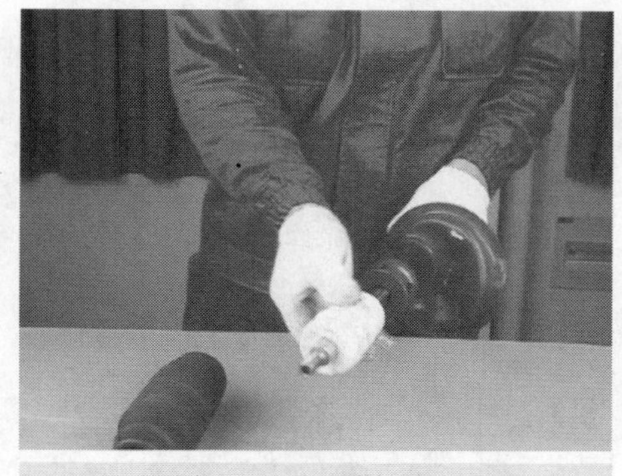
图6-62　取下弹性挡块

图6-63　清洁零件

(13)检查零件:检查弹性挡块是否损坏;减振器支架等是否变形、裂纹,若有损坏,应更换,如图6-64所示。

(14)检查弹簧:是否有撞击的痕迹、划伤和腐蚀的小孔;弹簧的油漆涂层是否损坏,金属不可暴露在外,如图 6-65 所示。

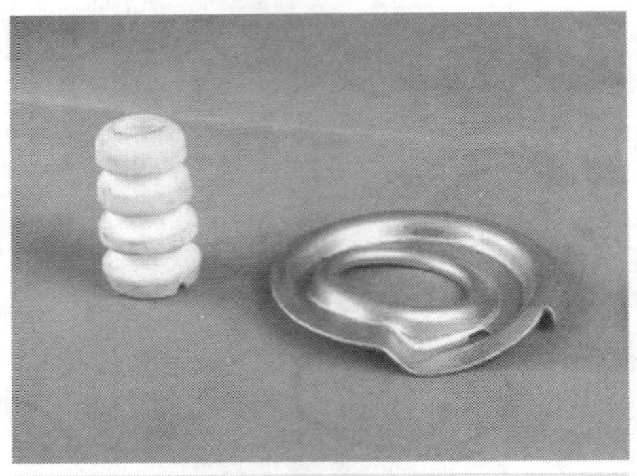

图 6-64　检查零件

图 6-65　检查弹簧

## 3 减振器的组装

(1)安装弹性挡块,如图 6-66 所示。

**警告:**弹性挡块小的一面朝向减振器下端。

(2)安装减振器橡胶保护套,如图 6-67 所示。

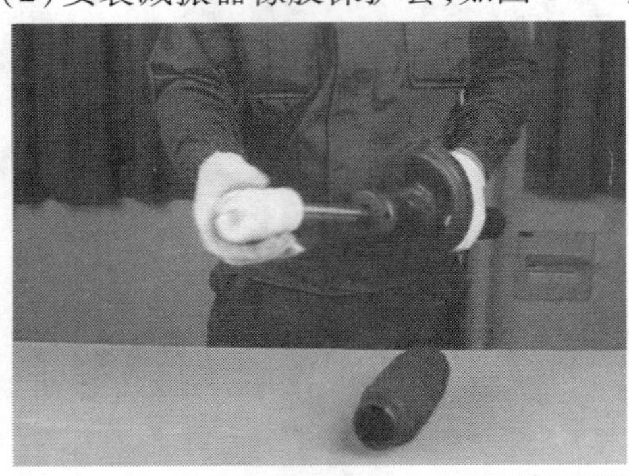

图 6-66　安装弹性挡块

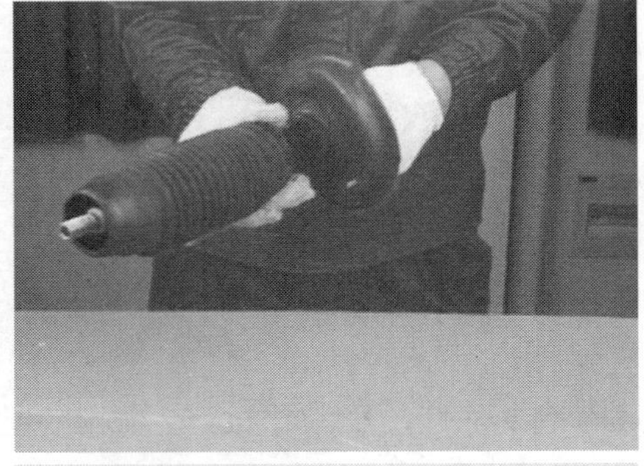

图 6-67　安装橡胶保护套

(3)安装减振器在弹簧上,如图 6-68 所示。

(4)安装垫圈,如图 6-69 所示。

图 6-68　安装减振器

图 6-69　安装垫圈

(5)安装弹簧上支座,如图 6-70 所示。

(6)安装止推轴承,如图 6-71 所示。

图 6-70　安装弹簧上支座

图 6-71　安装止推轴承

(7)安装止推轴承座,如图 6-72 所示。

(8)安装上支撑盖座,如图 6-73 所示。

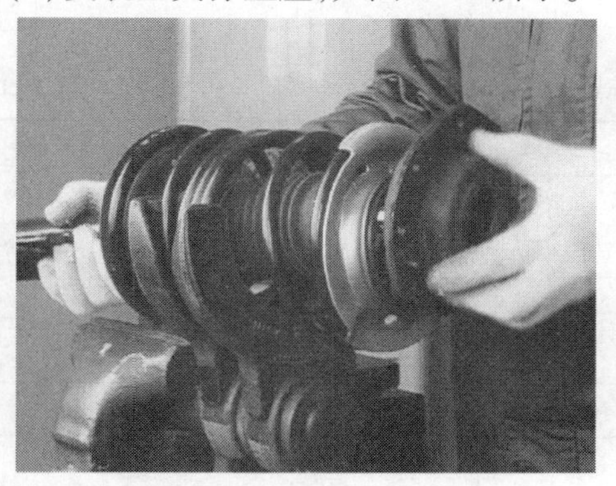

图 6-72　安装止推轴承座

图 6-73　安装上支撑盖座

(9)安装螺母垫圈,如图 6-74 所示。

(10)拧入新螺母,如图 6-75 所示。

图 6-74　安装螺母垫圈

图 6-75　拧入新螺母

(11)用专用工具拧紧减振器螺母,如图 6-76 所示。

(12)安装减振器弹簧应保证位置正确,如图6-77、图6-78所示。

图6-76　拧紧减振器螺母

图6-77　减振器弹簧下端

## 4 前减振器总成的安装

(1)前悬架螺栓、螺母拧紧力矩见表6-1。

**前悬架螺栓、螺母拧紧力矩**(N·m)　　表6-1

| | |
|---|---|
| 减振器上支撑座紧固螺栓 | 25 |
| 转向节开口紧固螺栓 | 45 |
| 线束卡板紧固螺栓 | 25 |
| 稳定杆与转向节连接螺母 | 45 |
| 减振器尼龙自锁螺母 | 45 |
| 传动轴螺母 | 325 |
| 车轮紧固螺栓 | 90 |

(2)将前减振器装入汽车上,如图6-79所示。

图6-78　减振器弹簧上端

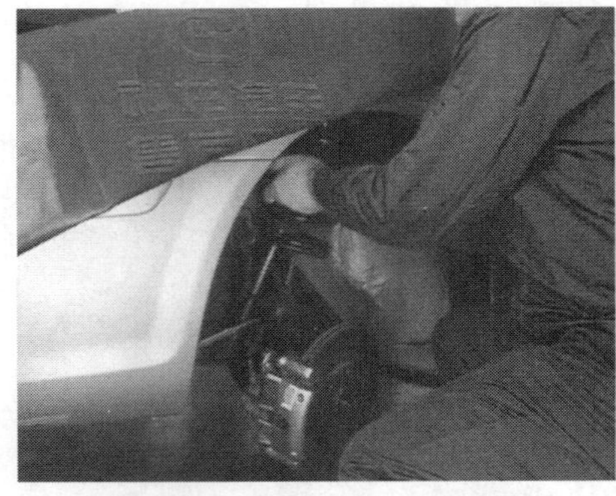
图6-79　将前减振器装入汽车上

(3)将减振器上定位销插入对应的定位销孔中,如图6-80所示。

(4)拧入减振器螺栓,如图6-81所示。

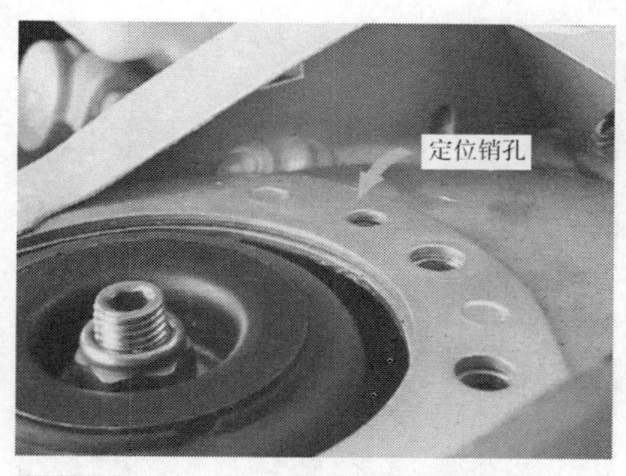

图6-80　对正定位销孔

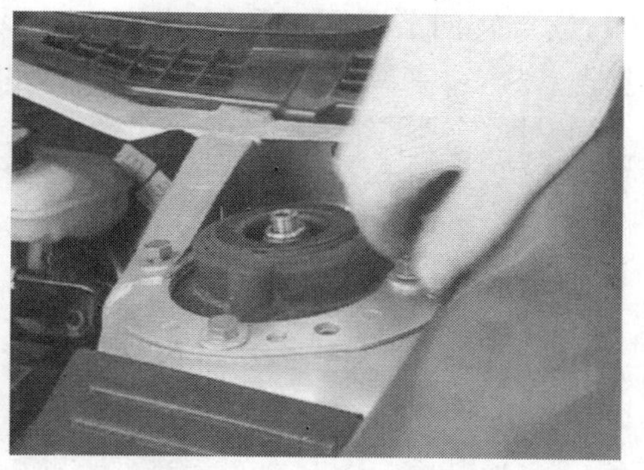
图6-81　拧入减振器螺栓

**警告：**黄色的螺栓位置在外，不要装错，如图6-82所示。

(5)紧固减振器螺栓，拧紧力矩为25N·m，如图6-83所示。

图6-82　黄色的螺栓位置

图6-83　紧固减振器螺栓

(6)将减振器下端插入转向节。

**警告：**减振器下端定位凸点必须插入转向节开口，如图6-84所示。

(7)取下转向节开口专用工具，如图6-85所示。

图6-84　将减振器下端插入转向节

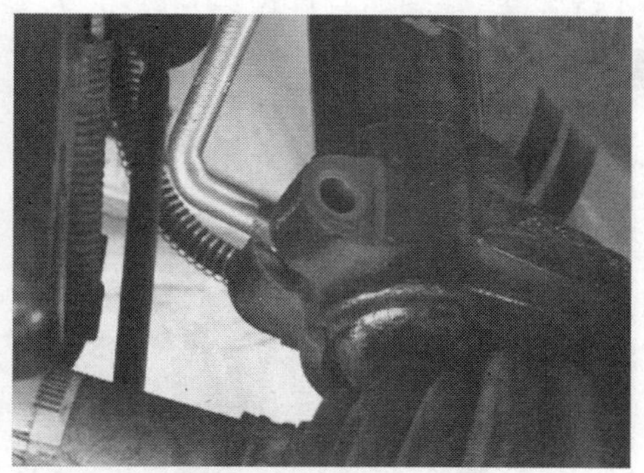
图6-85　取下转向节开口专用工具

(8)安装转向节螺栓，如图6-86所示。

(9)安装转向节紧固螺母,如图6-87所示。

**警告:**每次安装必须更换新的紧固螺母。

图6-86　安装转向节螺栓

图6-87　安装转向节紧固螺母

(10)拧紧转向节紧固螺母,拧紧力矩为45N·m,如图6-88所示。

(11)安装、紧固线束卡板,拧紧力矩为25N·m,如图6-89所示。

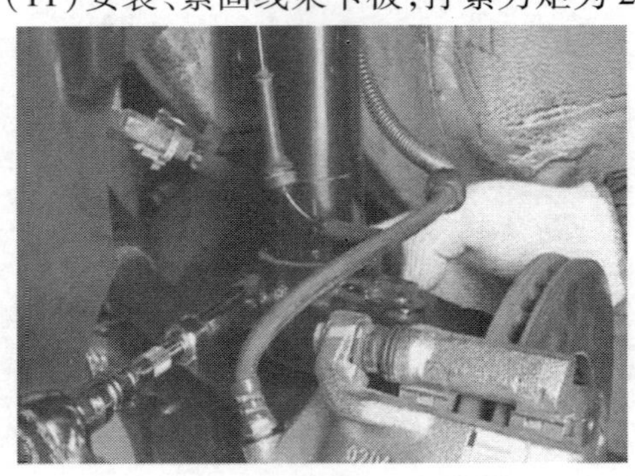

图6-88　拧紧转向节紧固螺母

图6-89　安装、紧固线束卡板

(12)安装线束及制动油管,如图6-90所示。

(13)安装、紧固稳定杆螺栓与螺母,拧紧力矩为45N·m,如图6-91所示。

**警告:**每次安装必须更换新的紧固螺母。

图6-90　安装线束及制动油管

图6-91　安装、紧固稳定杆螺栓与螺母

(14)紧固减振器上盖紧固螺母,拧紧力矩为45N·m,如图6-92所示。

(15)安装减振器螺母防尘罩,如图6-93所示。

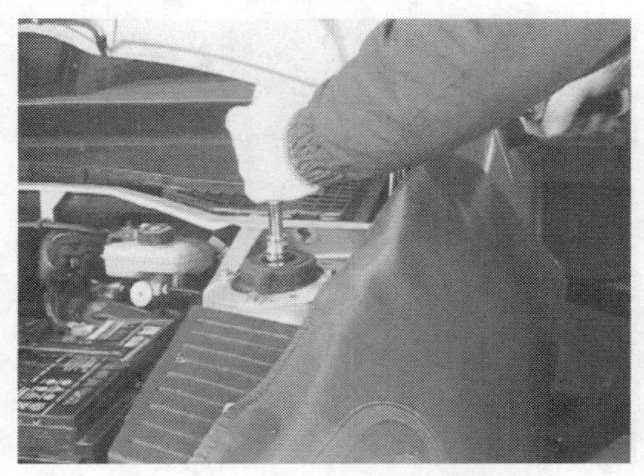

图6-92　紧固减振器上盖紧固螺母

图6-93　安装减振器螺母防尘罩

(16)安装传动轴螺母,如图6-94所示。

**警告:**每次安装必须更换新的螺母。

(17)紧固传动轴螺母,拧紧力矩为325N·m,如图6-95所示。

图6-94　安装传动轴螺母

图6-95　紧固传动轴螺母

(18)安装螺母盖,插入开口销,如图6-96所示。

(19)安装车轮,拧紧螺栓,如图6-97所示。

图6-96　安装螺母盖,插入开口销

图6-97　拧紧车轮螺栓

(20)起动举升机,落下车辆,如图6-98所示。

(21)紧固车轮螺栓,拧紧力矩为90N·m,如图6-99所示。

图6-98　落下车辆

图6-99　紧固车轮螺栓

(22)收起翼子板护垫,如图6-100所示。

(23)盖上发动机罩,如图6-101所示。

图6-100　收起翼子板护垫

图6-101　盖上发动机罩

(24)整理工具,清洁场地。

## 引导问题9　若经检查稳定杆橡胶弹性支座损坏,如何规范地进行拆换?

### 1 本次作业所需工具

本次作业所需的工具如图6-102所示。

### 2 拆卸稳定杆

(1)拧松轮胎螺栓,如图6-103所示。

(2)举升汽车少许,拆卸轮胎,如图6-104所示。

(3)举升汽车至合适高度,如图6-105所示。

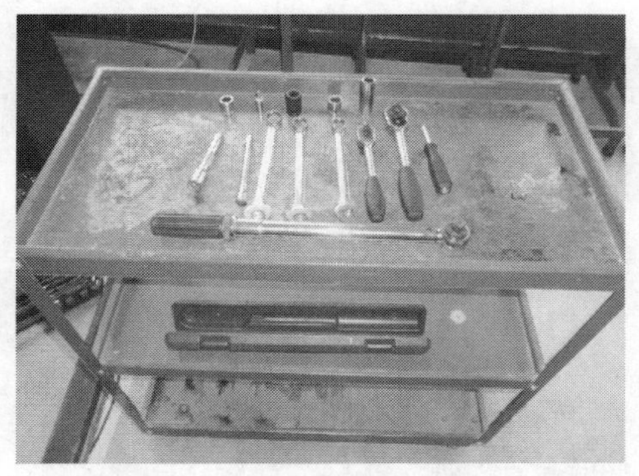

图 6-102　作业所需的工具

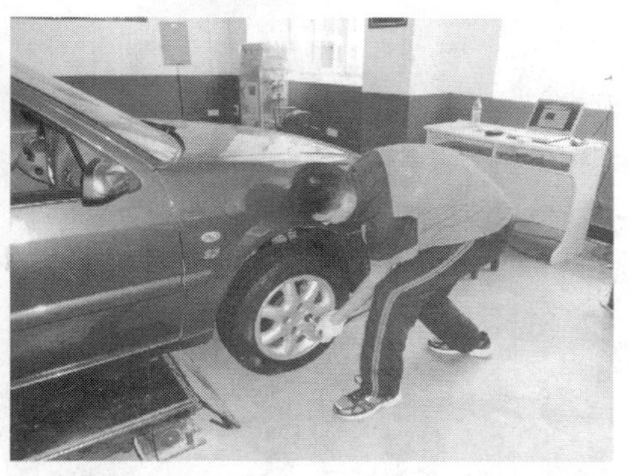

图 6-103　拧松轮胎螺栓

图 6-104　拆卸轮胎

图 6-105　举升汽车

(4)拆卸稳定杆与连接杆的连接螺母,使两者分离,如图 6-106 所示。

(5)拆卸后部底板托架螺栓与发动机后支架弹性固定螺栓,如图 6-107 所示。

(6)拧松前部托架螺栓,如图 6-108 所示。

(7)拆卸后部托架螺栓,如图 6-109 所示。

(8)后部托架下降,离车身 $A = 65\text{cm}$,并用木块保持,如图 6-110 所示。

(9)拆卸稳定杆弹性支座螺栓,取下稳定杆,如图 6-111 所示。

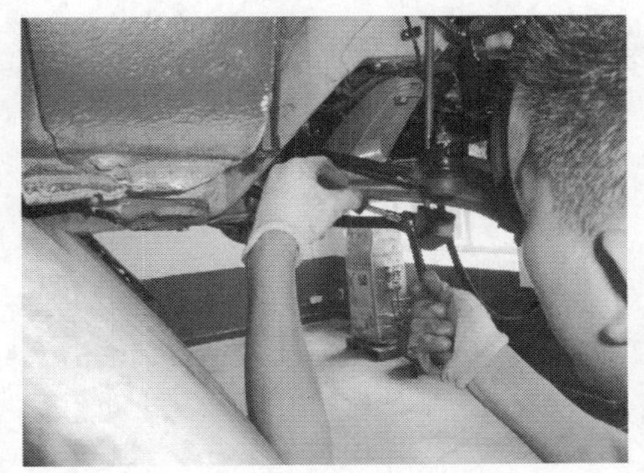

图 6-106　分离稳定杆与连接杆

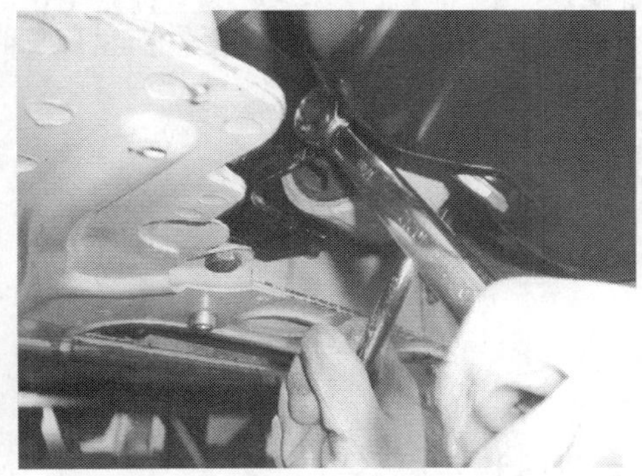

图 6-107　拆卸发动机后支架弹性固定螺栓

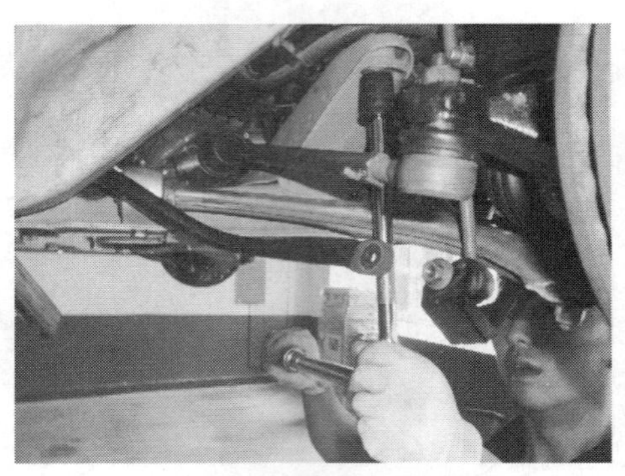
图 6-108　拧松前部托架螺栓

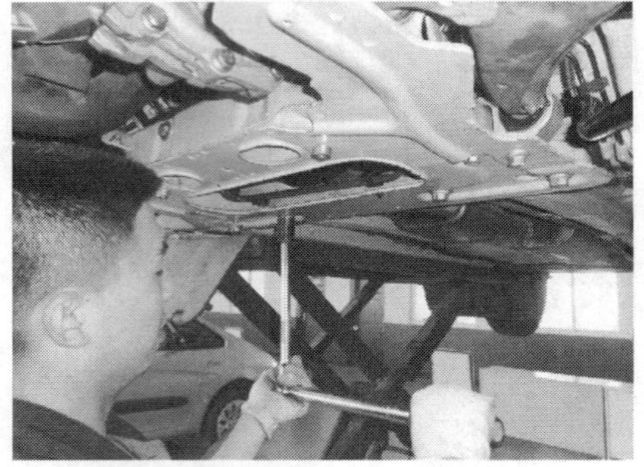
图 6-109　拆卸后部托架螺栓

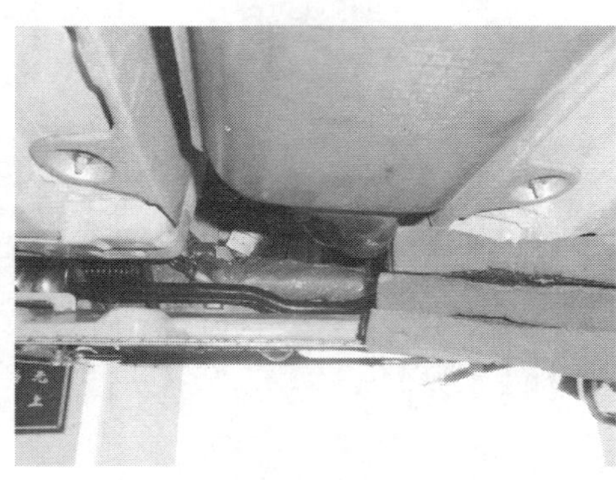
图 6-110　后部托架下降

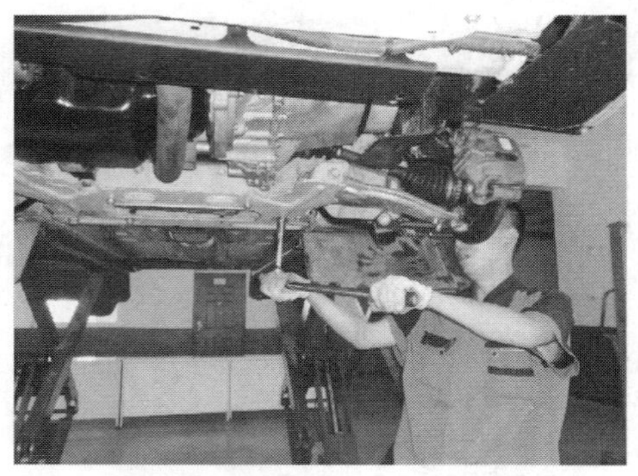
图 6-111　拆卸稳定杆

(10)更换稳定杆弹性支座,如图 6-112 所示。

**警告:**弹性支座安装时,应注意安装标记,如图 6-113 所示。

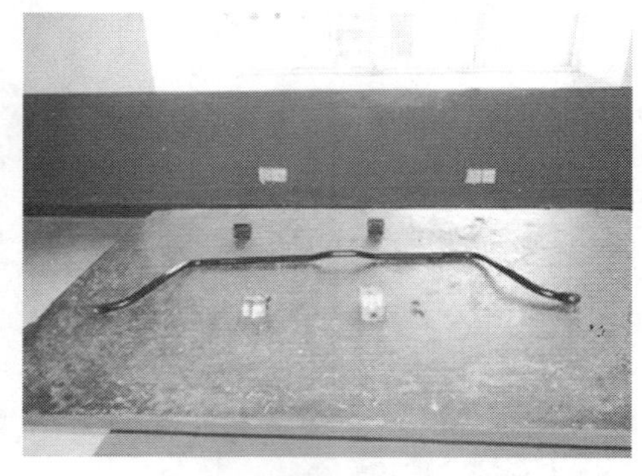
图 6-112　更换弹性支座

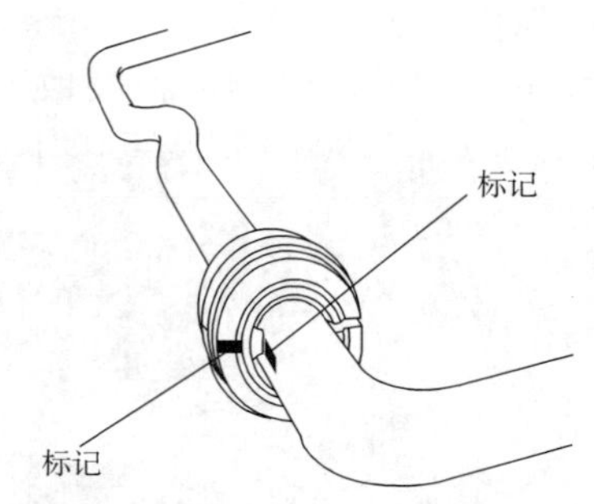

图 6-113　稳定杆弹性支座安装标记

## 3 安装稳定杆

(1)稳定杆的安装紧固力矩见表 6-2。

稳定杆的安装紧固力矩(N·m)　　表6-2

| | |
|---|---|
| 弹性支座螺栓 | 65 |
| 后托架螺栓 | 87 |
| 托架前部螺栓 | 87 |
| 发动机后支架弹性固定螺栓 | 60 |
| 稳定杆与连接杆螺母 | 40 |

(2)安装稳定杆,按照拆卸相反的顺序装入稳定杆,各部螺栓紧固力矩见表6-1。

## 三、评价反馈

1. 对本学习任务进行评价:各小组人员对学习本学习任务时的表现情况依据评分表进行评价,见表6-3。

评　分　表　　表6-3

| 考核项目 | 评分标准 | 分　数 | 学生自评 | 小组评价 | 教师评价 | 小　计 |
|---|---|---|---|---|---|---|
| 团队合作 | 是否和谐 | 5 | | | | |
| 活动参与 | 是否主动 | 5 | | | | |
| 安全生产 | 有无安全隐患 | 10 | | | | |
| 现场5S | 是否做到 | 10 | | | | |
| 任务方案 | 是否合理 | 15 | | | | |
| 操作过程 | 1. 作业前的准备;<br>2. 减振器的拆卸与安装;<br>3. 横向稳定杆衬套的更换 | 30 | | | | |
| 任务完成情况 | 是否圆满完成 | 5 | | | | |
| 操作过程 | 是否标准规范 | 10 | | | | |
| 劳动纪律 | 是否严格遵守 | 5 | | | | |
| 工单填写 | 是否完整、规范 | 5 | | | | |
| 总　分 | | 100 | | | | |
| 教师签名 | | | | 得　分 | | |

2. 在实施作业的过程中是否存在一些安全隐患？请找出容易忽视的地方。

3. 口述本次操作维护的流程。

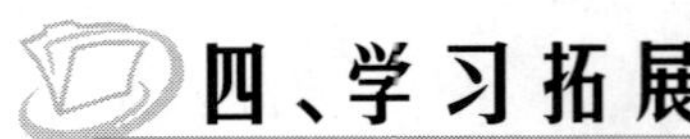

## 四、学习拓展

1. 查阅资料，说明卡罗拉轿车、桑塔纳轿车的前悬架的类型，各有何特点？

2. 本例汽车前部颠簸除减振器损坏外，还有什么情况可以产生颠簸？

3. 若是减振弹簧的特性发生变化，你能规范地进行拆卸与更换吗？

# 学习任务七

## 整体倾斜故障的诊断与排除

### 学习目标

完成本学习任务后,你应当能:

1. 叙述汽车后悬架的组成;
2. 区别不同类型的后悬架;
3. 根据后悬架的工作情况,找出故障并实施检修;
4. 对检修后的后悬架质量进行检验;
5. 根据维修手册,安全规范地对车轮进行维护;
6. 正确地使用工具和设备,并保证生产安全。

**建议完成本学习任务的时间为 10 课时。**

### 学习任务描述

一辆爱丽舍 1.6L 轿车,车主反映最近发现该车后部有异响且一侧比另一侧低,车身明显倾斜。请你对汽车进行检测,确定故障部位并进行修理。

### 学习内容

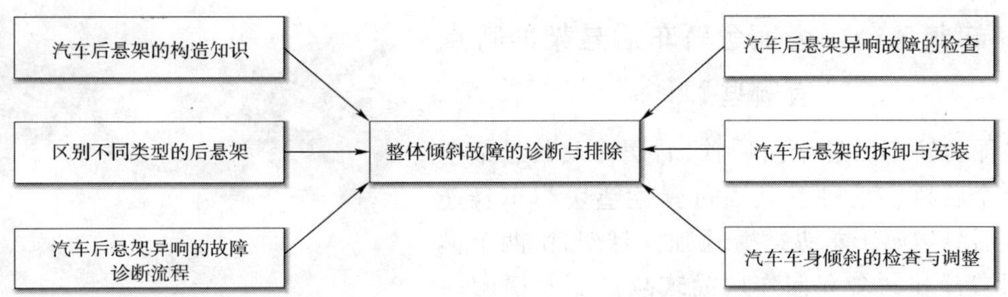

## 一、资料收集

### 引导问题1　汽车后悬架的组成是怎样的?

汽车后悬架同前悬架一样,也是由弹性元件、导向机构、减振器和横向稳定杆组成,如图7-1所示。

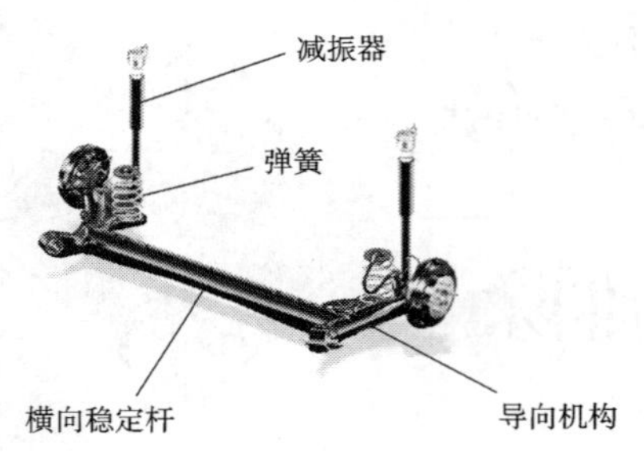


图7-1　后悬架的组成

### 引导问题2　后悬架有哪些类型?

(1)螺旋弹簧纵摆臂式后悬架,如图7-1所示。
(2)扭杆弹簧纵摆臂式后悬架,如图7-2所示。
(3)多连杆式后悬架,如图7-3所示。

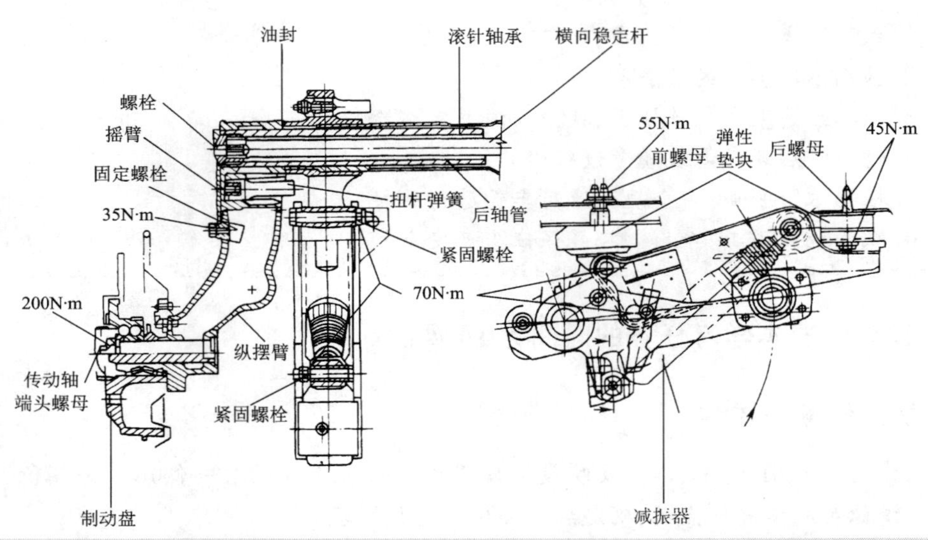


图7-2　扭杆弹簧纵摆臂式后悬架

### 引导问题3　爱丽舍轿车后悬架的特点有哪些?

图7-3　多连杆式后悬架

爱丽舍轿车后悬架由后轴、后摆臂及其悬架组成。整个后桥由后轴管架通过弹性垫块与车身连接。其后悬架属于单纵摆臂式独立悬架,由两个横置的扭力杆和两个双向作用筒式减振器及横向稳定杆组成，如图 7-4 所示。

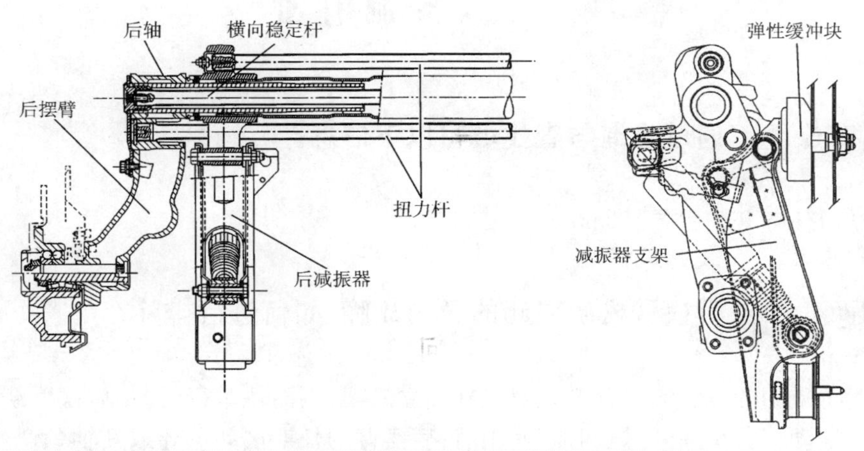


图 7-4 爱丽舍后悬架机构

后悬架的特点如下：

(1)悬架及后轴的全部零件均安装在一个支架上，因此结构紧凑，维修方便。

(2)后悬架的弹性元件是扭杆弹簧，它实现了车身与车轮之间的弹性连接。其扭杆弹簧比螺旋弹簧和钢板弹簧单位质量所能贮存的能量大得多，因而扭杆悬架轻，这样可提高汽车的行驶平顺性。

(3)后悬架扭杆弹簧本身的扭转刚度虽然是常数，但用了扭杆弹簧的后悬架刚度却是可变的(当载荷变化时，有利于改善汽车行驶的平顺性，另外，采用扭杆弹簧，容易实现车身高度的调节)。

(4)后轴总成与车身之间的连接采用专门设计的前自偏转弹性垫块，使后轴具有随动转向功能。当汽车转向行驶时，在离心力引起的侧向力作用下，弹性垫块产生变形，其结果使后轴在水平面上自偏转一个角度，增加了汽车的转向特性。因此，采用总成跟随前轮转动方向随动转向的后轴，有利于提高汽车高速行驶(包括转向及直线行驶)的操纵性和稳定性。

## 引导问题4 爱丽舍轿车后悬架异响的故障诊断与排除流程是怎样的?

爱丽舍轿车后悬架出现异响的故障，应对后悬架系统进行解体，通过检查零件的状况，确定需要更换的零件，诊断流程图如图 7-5 所示。

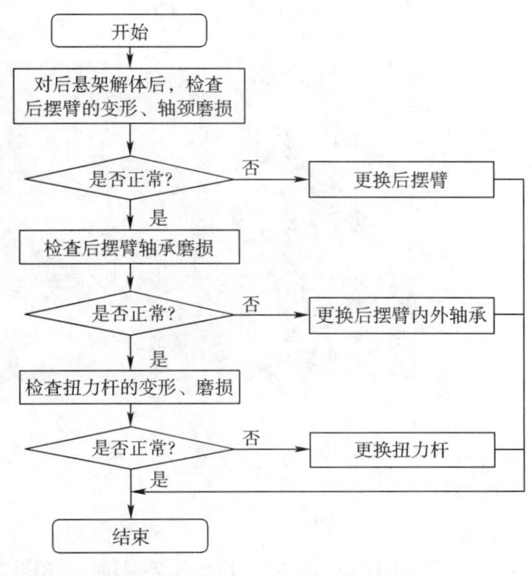


图 7-5 后悬架故障诊断流程图

## 二、实施作业

**引导问题5　通过查询与查找填写以下信息。**

参见学习任务一中引导问题6。

**引导问题6　后摆臂松旷引起的异响故障,如何进行排除?**

由于后桥采用的是纵向单臂横置双扭杆独立悬架,因而轿车行驶时,后摆臂绕后轴管中心有一定的摆动。轿车在经过长时间使用后,后摆臂的长期摆动可导致其轴颈产生偏磨、滚针轴承磨损,严重时引起后摆臂轴管径向松旷,引起后轮内倾。该故障排除方法应是更换纵摆臂轴管或修复轴管轴颈及更换滚针轴承。另外,当后摆臂总成的车轴损坏时,也应对后摆臂总成进行维修。

**引导问题7　如何进行后摆臂总成的拆卸与安装,以及摆臂轴承的更换?**

### 1 本次作业所需的工具、设备

(1)常用工具,如图7-6所示。

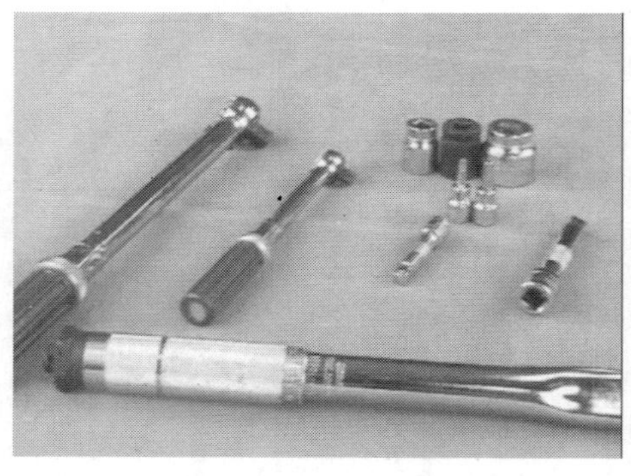

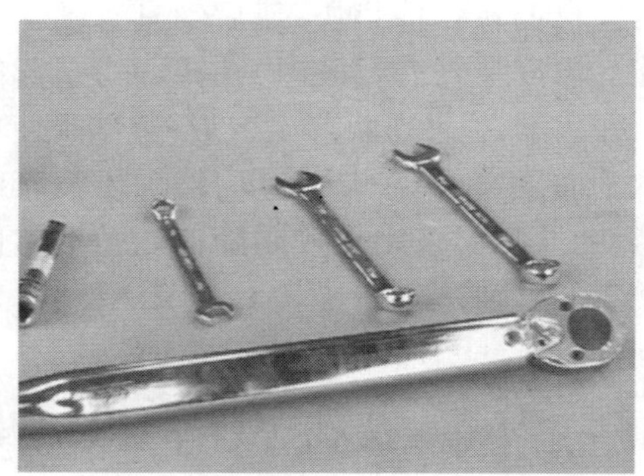

图7-6　常用工具

(2)专用工具。

①惯性拉拔器、扭力杆拆装工具,如图7-7所示。

②后摆臂定位块、模拟减振器,如图7-8所示。

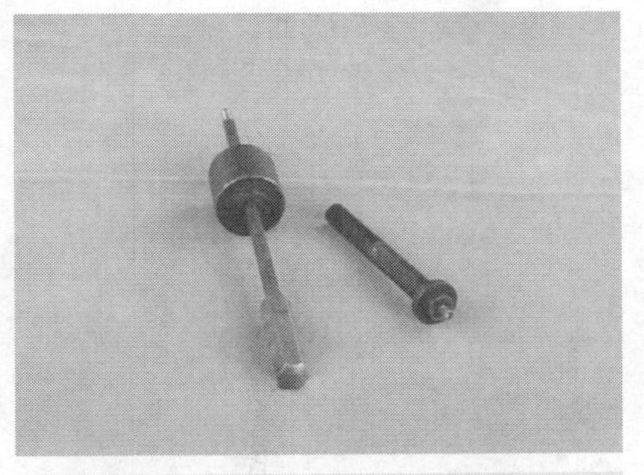
图 7-7　惯性拉拔器、扭力杆拆装工具

图 7-8　后摆臂定位块、模拟减振器

③固定板拆装工具,如图 7-9 所示。
④轴承拆装工具,如图 7-10 所示。

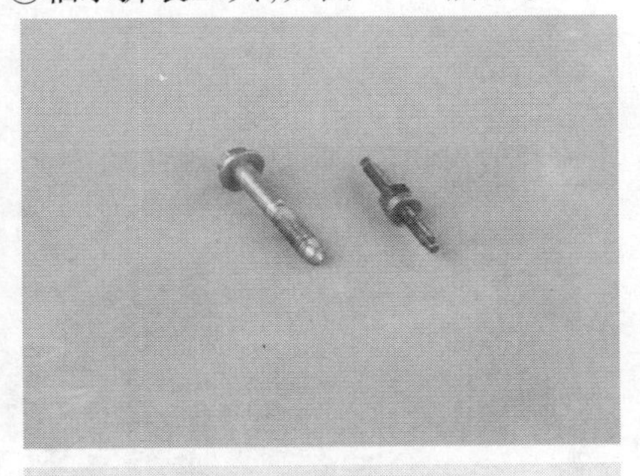
图 7-9　固定板拆装工具

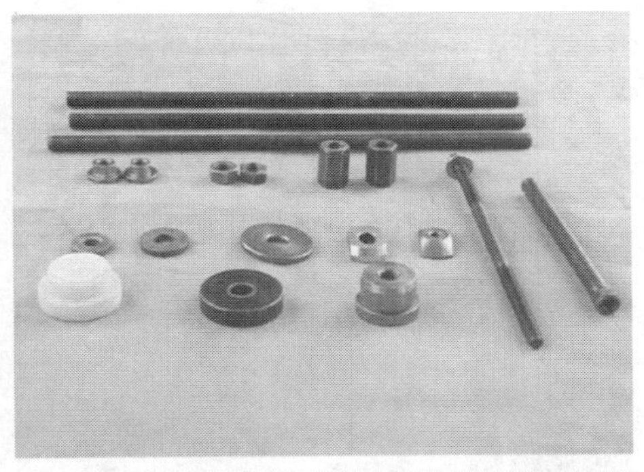
图 7-10　轴承拆装工具

(3)四柱举升机。
(4)资料:东风雪铁龙爱丽舍轿车维修手册。

### 2 拆卸后摆臂总成

(1)汽车放置在四柱举升机上,如图 7-11 所示。
(2)在前轮放置三角木,如图 7-12 所示。

图 7-11　汽车放置在举升机上

图 7-12　放置三角木

(3)解除驻车制动,如图 7-13 所示。

(4)将汽车举升至合适位置,如图 7-14 所示。

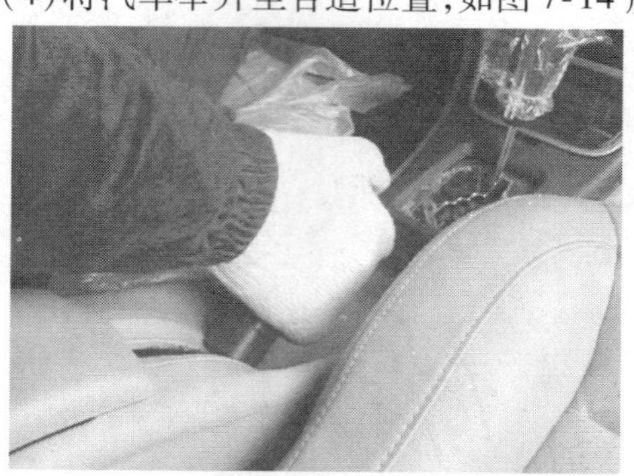

图 7-13　解除驻车制动

图 7-14　举升汽车至合适位置

(5)拆下后轮装饰板,如图 7-15 所示。

(6)拧松后轮螺栓,如图 7-16 所示。

图 7-15　拆下后轮装饰板

图 7-16　拧松后轮螺栓

(7)将二级举升机放置在后轴前部,如图 7-17 所示。

(8)起动二级举升机,使后轮悬空,如图 7-18 所示。

图 7-17　放置二级举升机

图 7-18　举升后轮悬空

(9)拆卸后轮,如图 7-19 所示。

(10)车轮放置在规定的支架上,如图 7-20 所示。

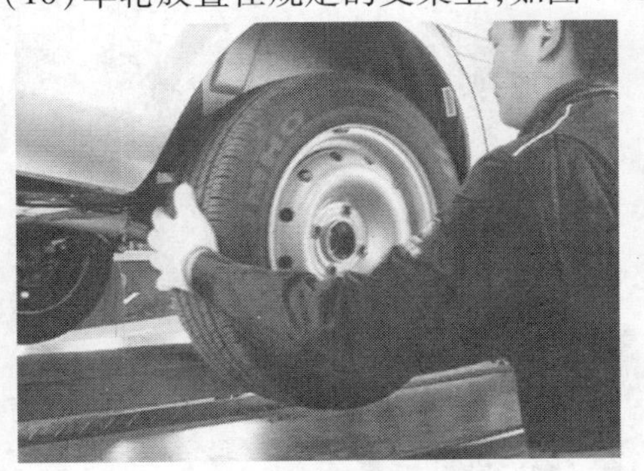

图 7-19　拆卸后轮

图 7-20　后轮放置在支架上

(11)拆卸轮速传感器,如图 7-21 所示。

**警告:**不得损坏传感器头部。

(12)拆卸后轴护盖,如图 7-22 所示。

图 7-21　拆卸轮速传感器

图 7-22　拆卸后轴护盖

(13)拆卸后轴轮毂螺母及垫圈,如图 7-23 所示。

(14)拆卸制动鼓,如图 7-24 所示。

图 7-23　拆卸后轴轮毂螺母及垫圈

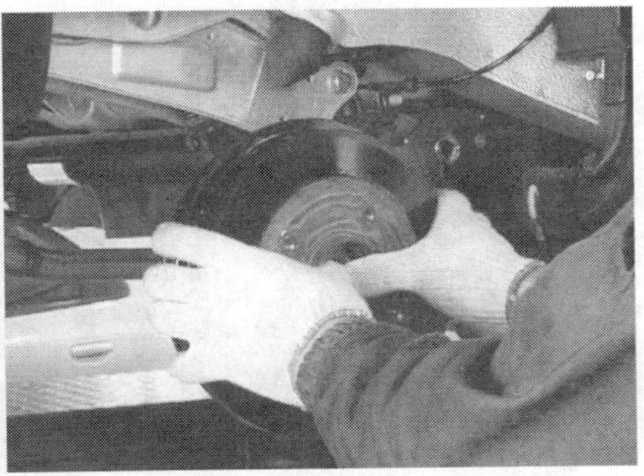

图 7-24　拆卸制动鼓

（15）拆卸制动底板螺栓，如图 7-25 所示。

（16）拆卸驻车制动线管支架，如图 7-26 所示。

图 7-25　拆卸制动底板螺栓

图 7-26　拆卸驻车制动线管支架

（17）拆卸平衡杆固定板螺栓，如图 7-27 所示。

（18）在平衡杆固定板拆卸螺栓的螺纹上涂抹润滑脂，如图 7-28 所示。

图 7-27　拆卸平衡杆固定板螺栓

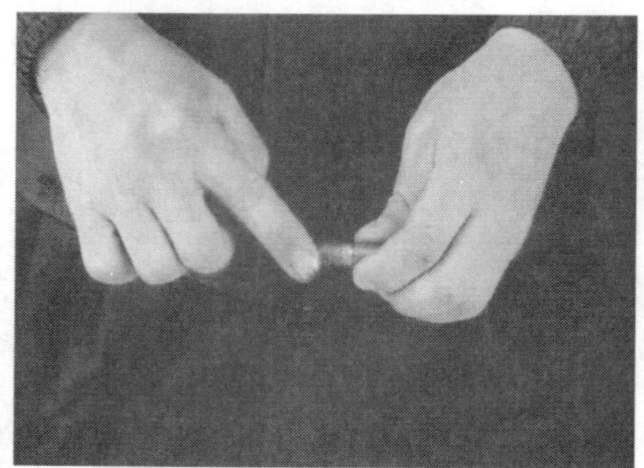

图 7-28　涂抹润滑脂

（19）安装平衡杆固定板拆卸螺栓，如图 7-29 所示。

（20）拧动螺栓，从平衡杆上拆卸固定板，如图 7-30 所示。

图 7-29　安装平衡杆固定板拆卸螺栓

图 7-30　拆卸固定板

(21)拆卸减振器下端螺母,如图7-31所示。

(22)敲松并拆卸下端螺栓,如图7-32所示。

图7-31　拆卸减振器下端螺母

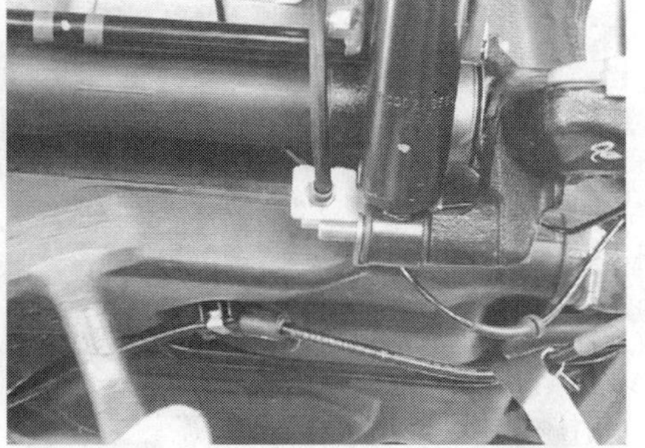

图7-32　拆卸下端螺栓

(23)拆卸减振器上端螺栓,取下减振器,如图7-33所示。

(24)安装模拟减振器上端螺栓,如图7-34所示。

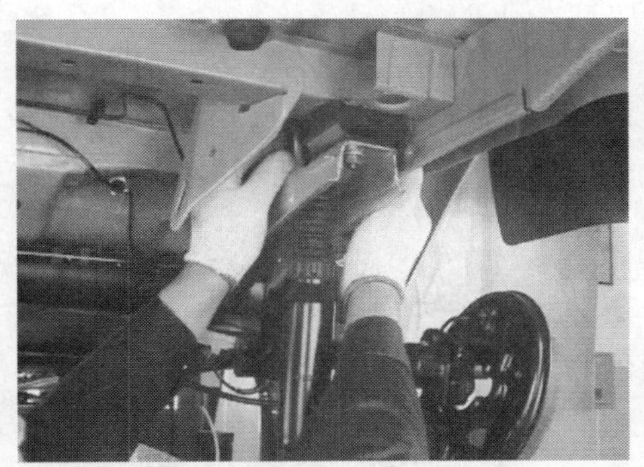

图7-33　拆卸上端螺栓,取下减振器

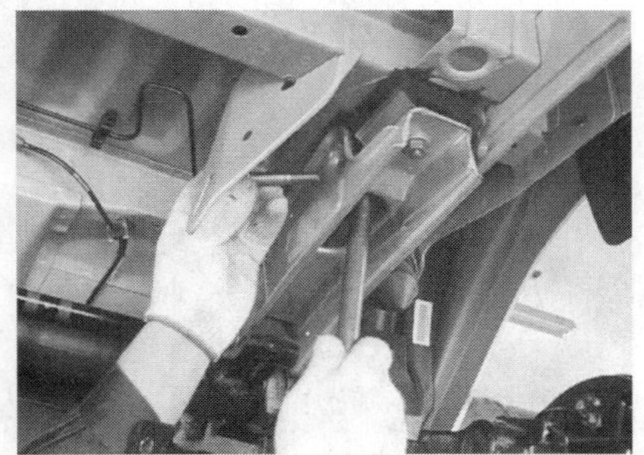

图7-34　安装模拟减振器上端螺栓

(25)调整模拟减振器的长度,使下端两螺孔对齐,如图7-35所示。

(26)安装模拟减振器下端螺栓,如图7-36所示。

**警告:**模拟减振器的下端安装方向,使短的一边朝向摆臂。

图7-35　调整模拟减振器长度

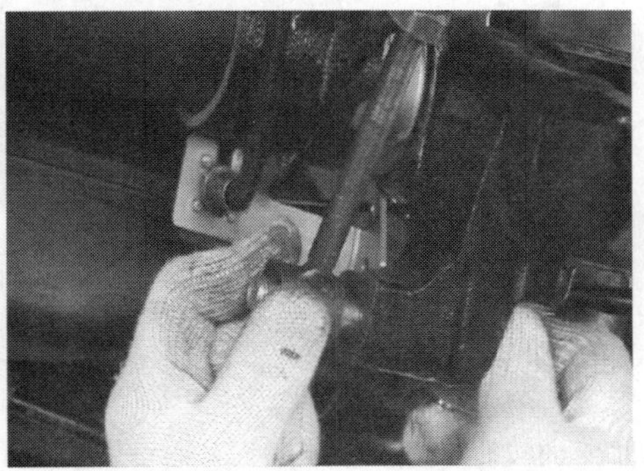

图7-36　安装下端螺栓

(27)锁紧模拟减振器,保证长度不会改变,如图 7-37 所示。

(28)拆卸扭力杆另一端固定螺母,如图 7-38 所示。

图 7-37　锁紧模拟减振器

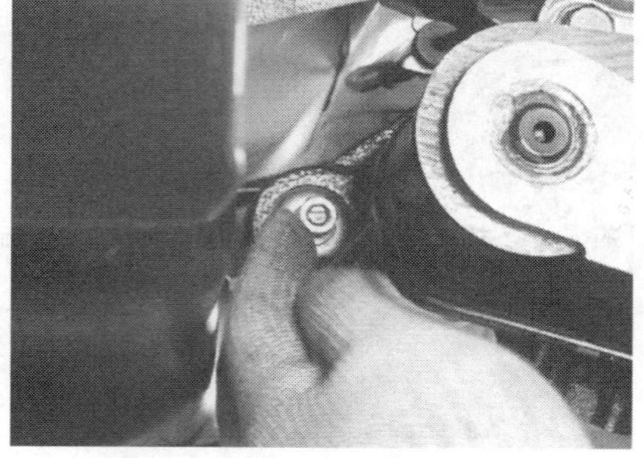

图 7-38　拆卸扭力杆另一端固定螺母

(29)取下垫圈,如图 7-39 所示。

(30)拆卸扭力杆固定垫圈和紧固螺栓,如图 7-40 所示。

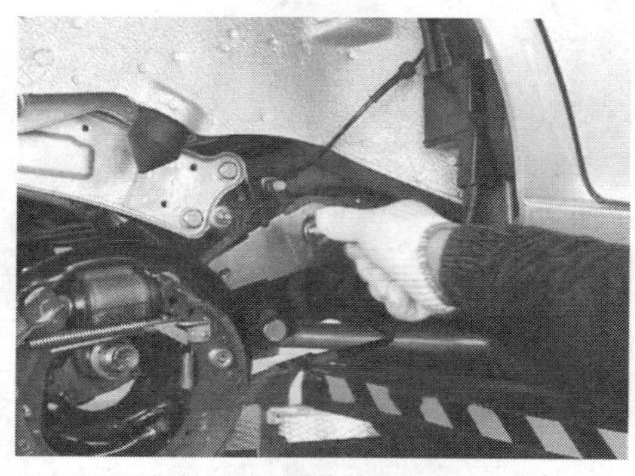

图 7-39　取下垫圈

图 7-40　拆卸扭力杆固定垫圈和螺栓

(31)取下扭力杆固定垫圈,如图 7-41 所示。

(32)用冲头在扭力杆和摆臂上作齿位定位标记,如图 7-42 所示。

图 7-41　取下垫圈

图 7-42　作扭力杆齿位安装定位标记

(33)定位标记应清晰,保证安装后,车身高度不变,如图7-43所示。

(34)安装扭力杆拆装工具,如图7-44所示。

图7-43 齿位定位标记

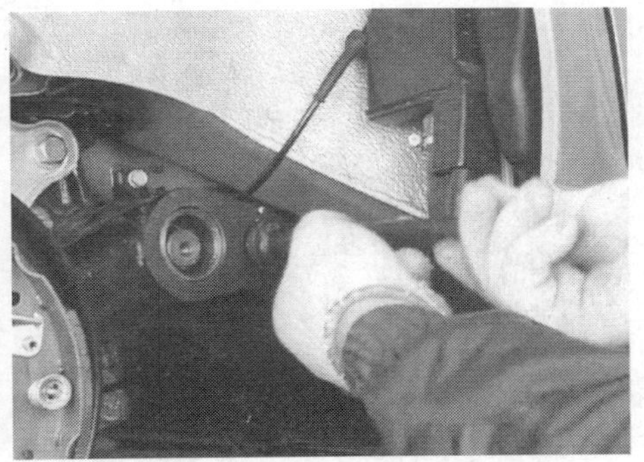

图7-44 安装扭力杆拆装工具

(35)安装扭力杆惯性拉拔器,如图7-45所示。

(36)用惯性拉拔器拉出扭力杆,如图7-46所示。

图7-45 安装惯性拉拔器

图7-46 拆卸扭力杆

(37)取下扭力杆,如图7-47所示。

(38)在另一侧同样进行(11)~(17)和(21)~(29)步骤,取下左扭力杆。

(39)在后轴管左边取下平衡杆及固定板,如图7-48所示。

图7-47 取下扭力杆

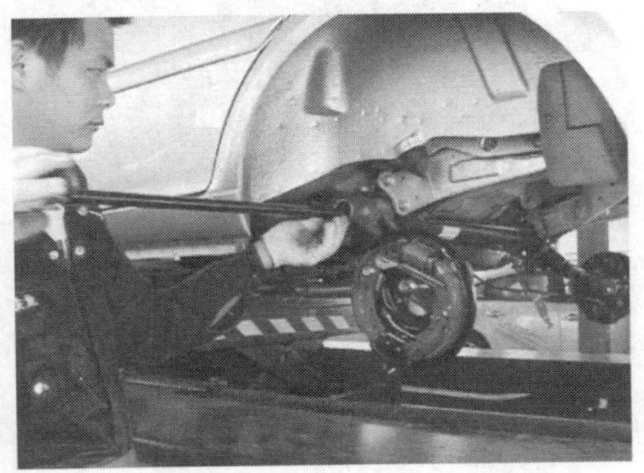

图7-48 取下平衡杆及固定板

(40)将平衡杆及固定板夹紧在台虎钳上，如图 7-49 所示。

(41)在平衡杆固定板拆卸螺栓的螺纹上涂抹润滑脂，如图 7-50 所示。

图 7-49　夹紧平衡杆及固定板

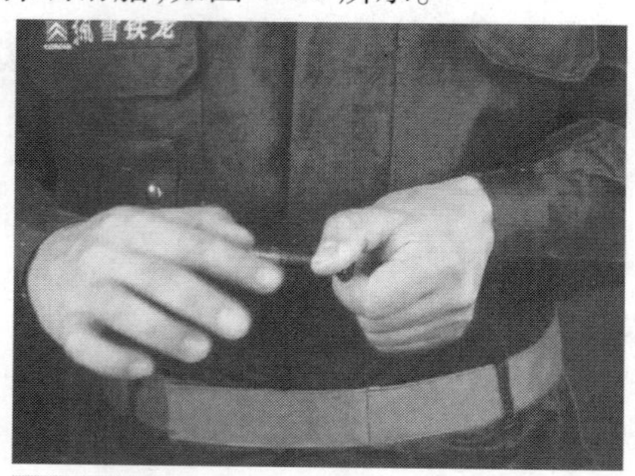
图 7-50　涂抹润滑脂

(42)拧紧螺栓，从平衡杆上拆卸固定板，如图 7-51 所示。

(43)从后轴上取下制动底板，放置在举升机上，如图 7-52 所示。

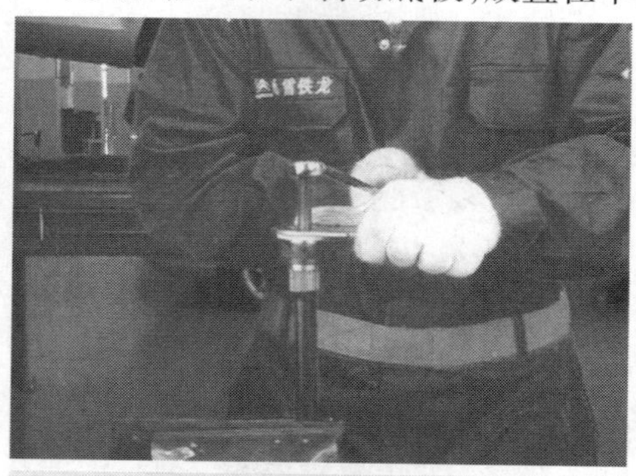
图 7-51　拆卸固定板

图 7-52　取下制动底板

(44)拆卸模拟减振器，如图 7-53 所示。

**警告：**不要改变模拟减振器的长度。

(45)向外敲松后摆臂，如图 7-54 所示。

图 7-53　拆卸模拟减振器

图 7-54　敲松后摆臂

(46)取下后摆臂，如图 7-55 所示。

(47)拆卸后轴套管油封,如图 7-56 所示。

图 7-55　取下后摆臂

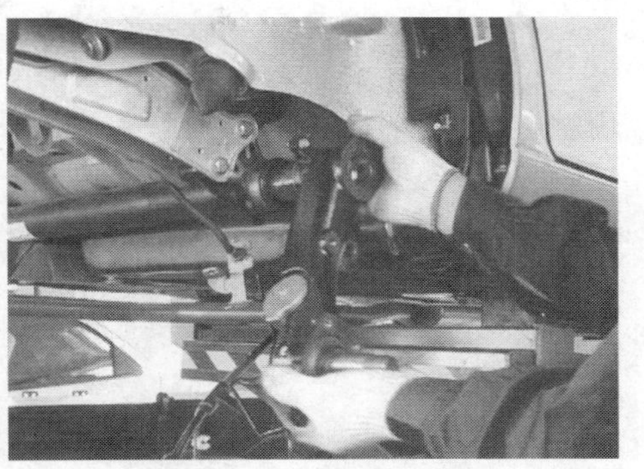

图 7-56　拆卸后轴套管油封

(48)在另一侧进行(43)~(53)的步骤,拆卸另一侧后摆臂和油封。

## 3 零件的清洁与检查

(1)清洁平衡杆、扭力杆的花键,如图 7-57 所示。

(2)清洁后摆臂总成,如图 7-58 所示。

图 7-57　清洁平衡杆、扭力杆

图 7-58　清洁后摆臂

(3)清洁平衡杆固定板,如图 7-59 所示。

(4)检查零件如下:

①检查后摆臂轴油封安装表面是否有划痕和碰撞;检查轴颈有无擦伤或划痕。

②检查平衡杆、扭力杆杆身是否损伤,花键是否磨损造成配合间隙超标。

③检查平衡杆固定板是否损伤,花键是否磨损造成配合间隙超标。

## 4 后摆臂轴轴承的更换

通过上述检查,对有问题的零件进行更换。即使后摆臂没有问题,由于后摆臂轴承经使用后磨损,也应对后摆臂轴承进行更换。

### 1 拆卸外轴承

(1)将外轴承拆卸拉板装在惯性拉拔器上,如图 7-60 所示。

**警告**：拆卸拉板平面朝内。

图 7-59　清洁扭力杆固定板

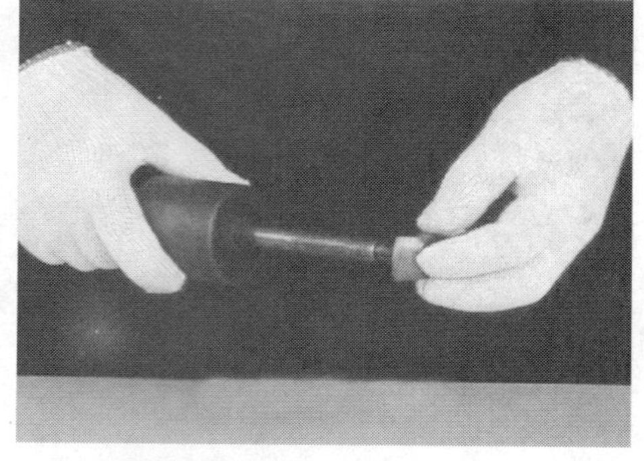

图 7-60　安装外轴承拆卸拉板

(2)将组合工具的拉板放置在外轴承内侧，如图 7-61 所示。

(3)用惯性拉拔器拉出外轴承，如图 7-62 所示。

图 7-61　拉板放置在外轴承内侧

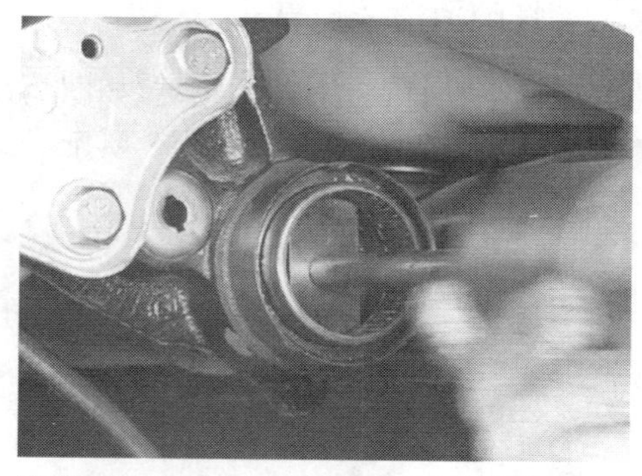

图 7-62　拉出外轴承

(4)用相同方法拆卸另一侧的外轴承。

**2** 拆卸内轴承

(1)安装螺纹杆与套管，如图 7-63 所示。

(2)安装内螺母至螺纹中段，如图 7-64 所示。

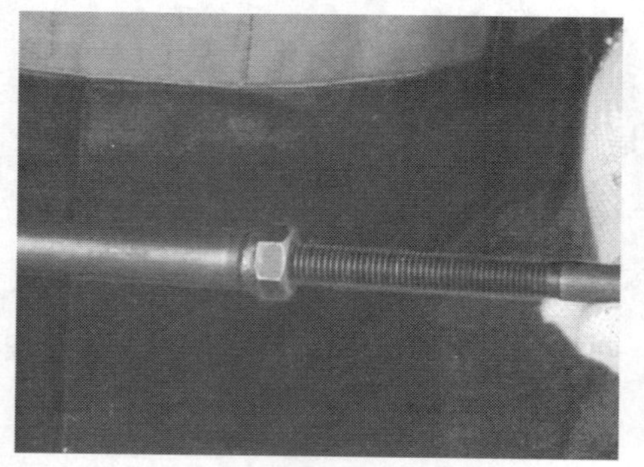

图 7-63　安装螺纹杆与套管

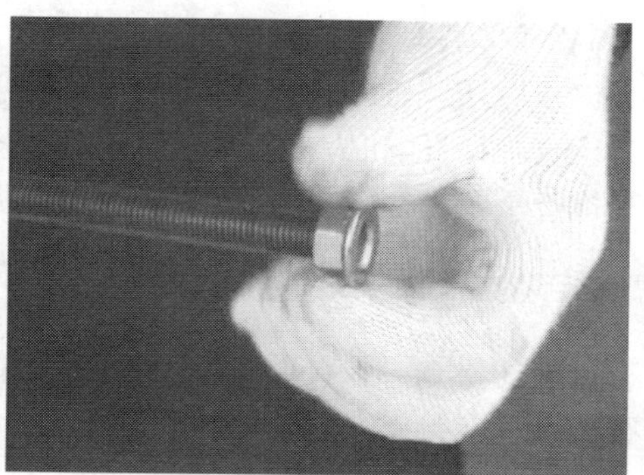

图 7-64　安装内螺母

(3)安装内轴承拆卸拉板,如图 7-65 所示。

**警告:**拆卸拉板平面朝内。

(4)安装外螺母,如图 7-66 所示。

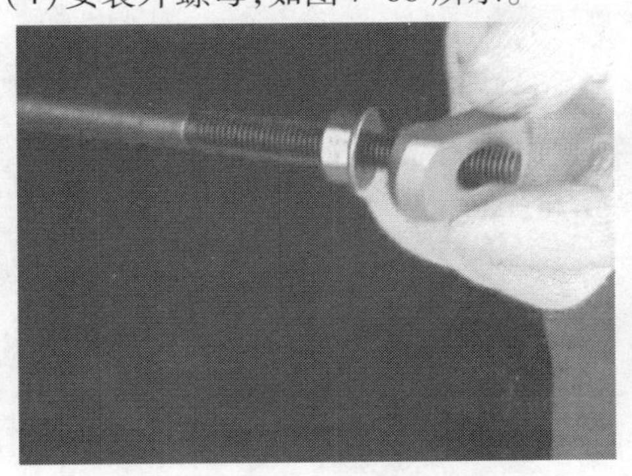

图 7-65　安装内轴承拆卸拉板

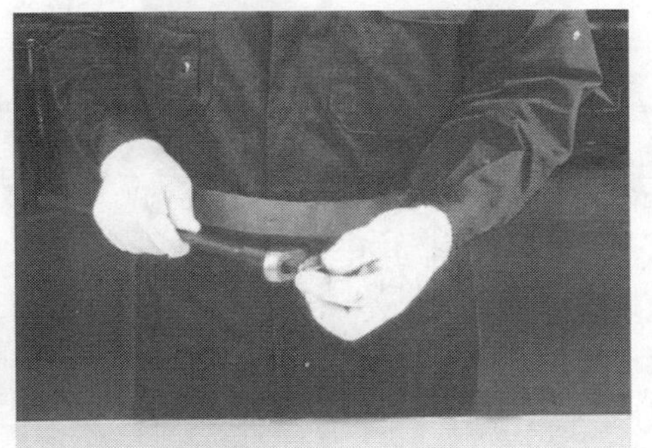

图 7-66　安装外螺母

(5)将组合工具的拉板放置在内轴承内侧,如图 7-67 所示。

(6)固定螺纹杆,拆下套管,如图 7-68 所示。

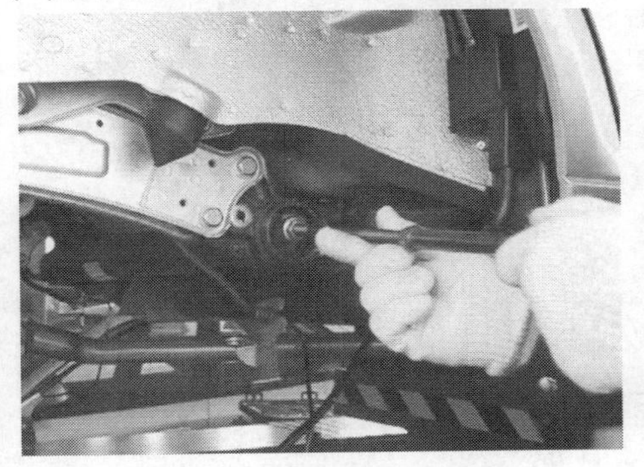

图 7-67　放置拉板在内轴承内侧

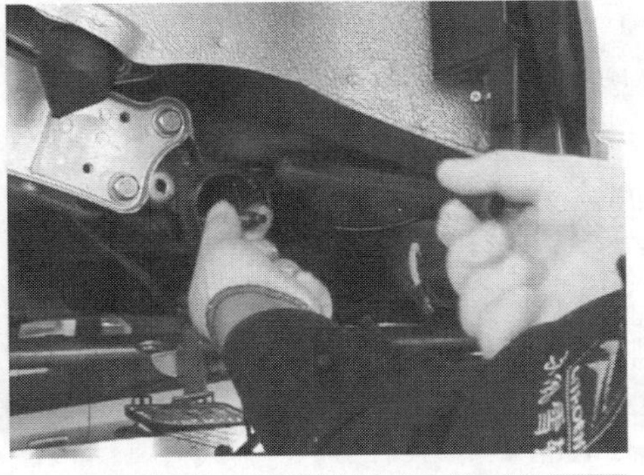

图 7-68　固定螺纹杆,拆下套管

(7)在组合工具的螺纹杆上涂抹润滑脂,如图 7-69 所示。

**警告:**不要转动螺纹杆。

(8)安装拆卸支撑环,如图 7-70 所示。

图 7-69　涂抹润滑脂

图 7-70　安装拆卸支撑环

(9)安装摩擦垫圈,如图 7-71 所示。

(10)安装螺母,如图 7-72 所示。

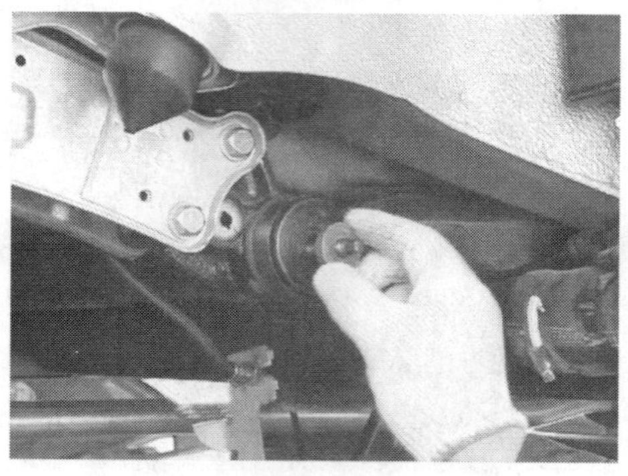

图 7-71　安装摩擦垫圈

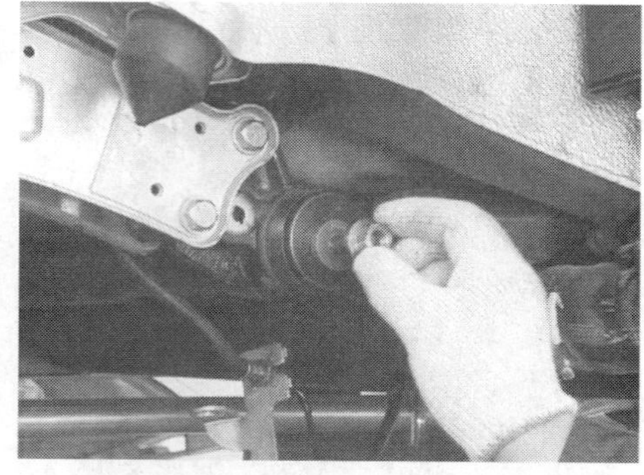

图 7-72　安装螺母

(11)固定螺纹杆,拧紧螺母,拉松内轴承,如图 7-73 所示。

(12)将组合工具和内轴承一起取下,如图 7-74 所示。

图 7-73　拉松内轴承

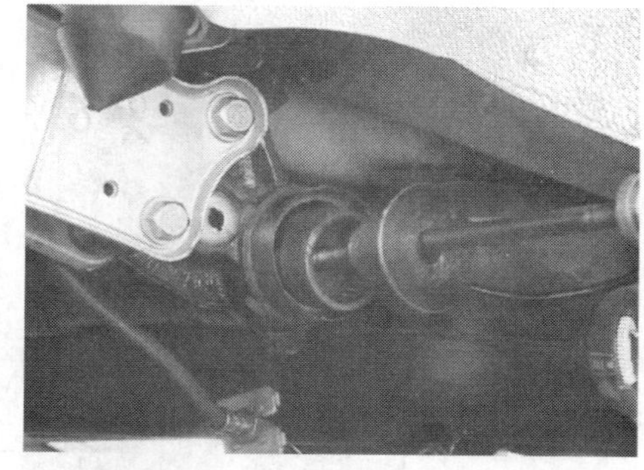

图 7-74　取下组合工具和内轴承

(13)用相同方法拆卸另一侧的内轴承。

❸ 安装内侧轴承

(1)清洁后轴轴管内壁,如图 7-75 所示。

(2)安装拆卸螺杆组件,如图 7-76 所示。

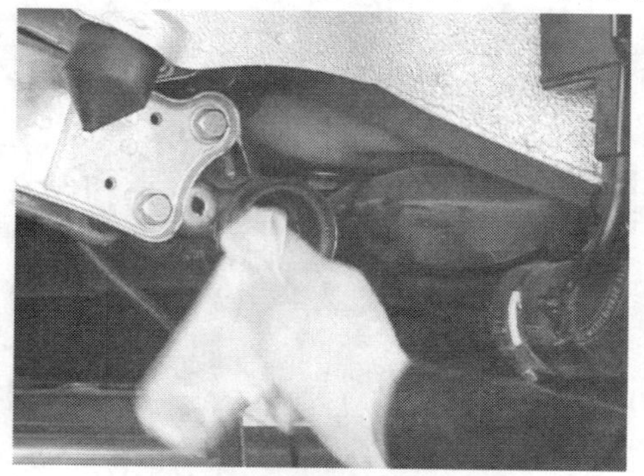

图 7-75　清洁轴管内壁

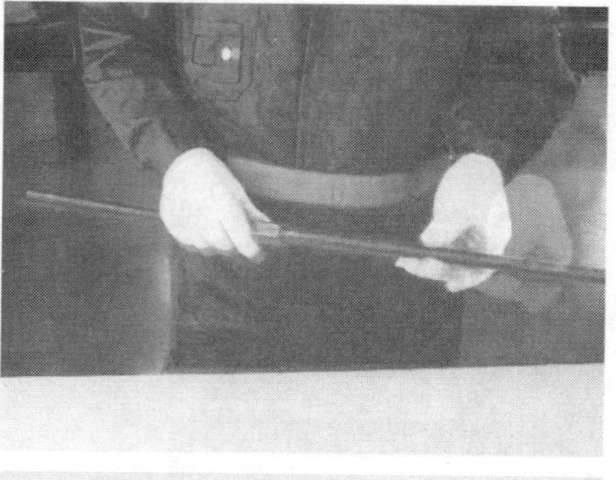

图 7-76　安装螺杆组件

(3)安装螺杆与套管,如图 7-77 所示。

(4)安装内轴承支撑座,如图 7-78 所示。

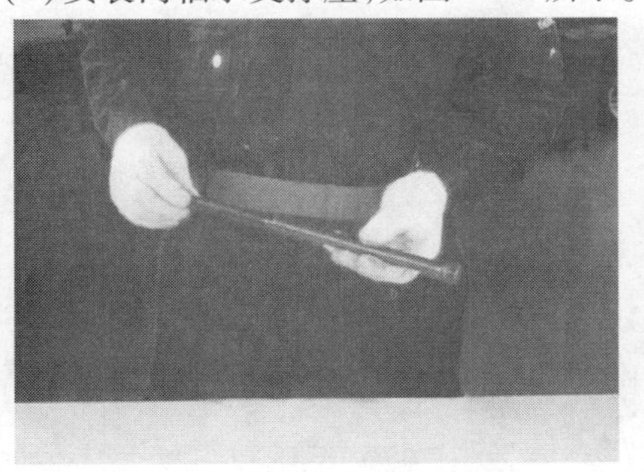

图 7-77 安装螺杆与套管

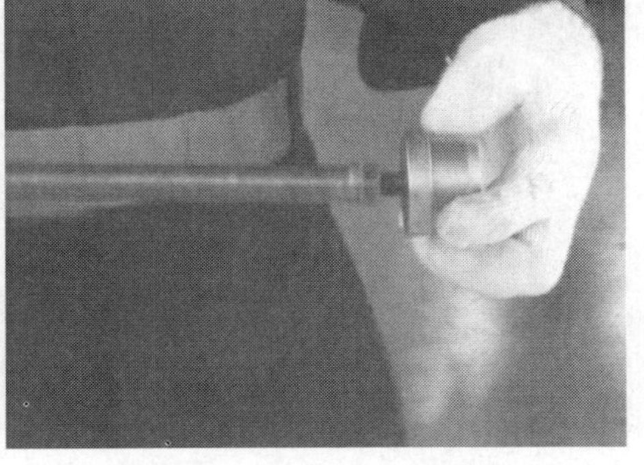

图 7-78 安装内轴承支撑座

(5)安装内轴承定位板,如图 7-79 所示。

(6)安装定位板螺母,如图 7-80 所示。

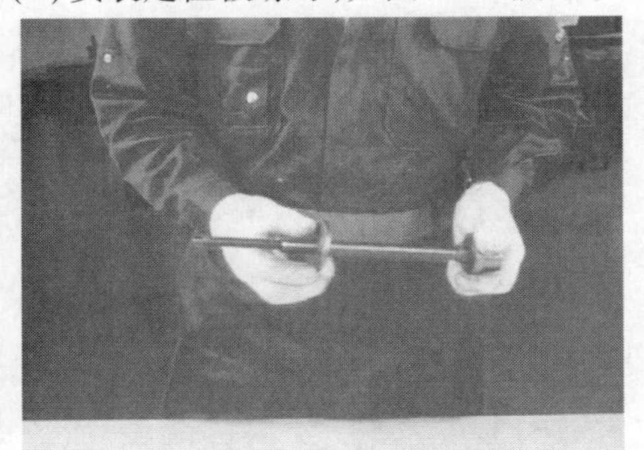

图 7-79 安装内轴承定位板

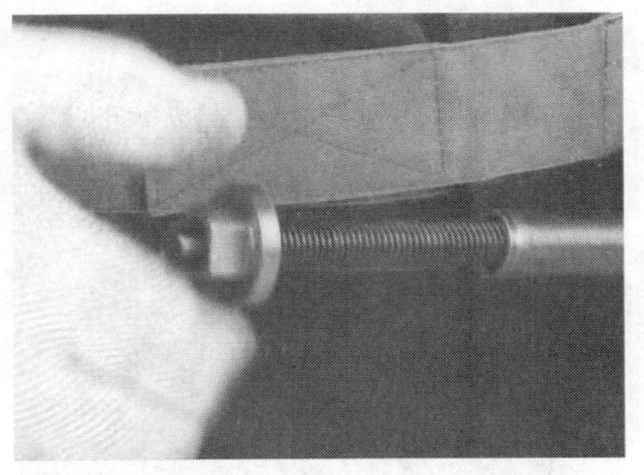

图 7-80 安装定位板螺母

(7)在轴承内外涂抹润滑脂,如图 7-81 所示。

(8)将轴承安装在支撑座上,如图 7-82 所示。

**警告:**轴承有字的一面朝向定位台肩。

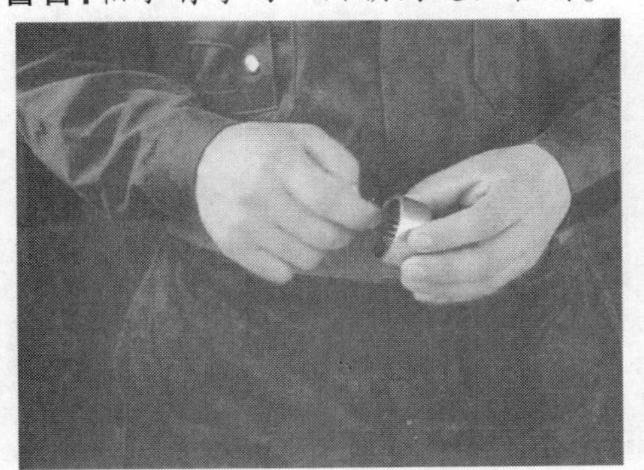

图 7-81 涂抹润滑脂

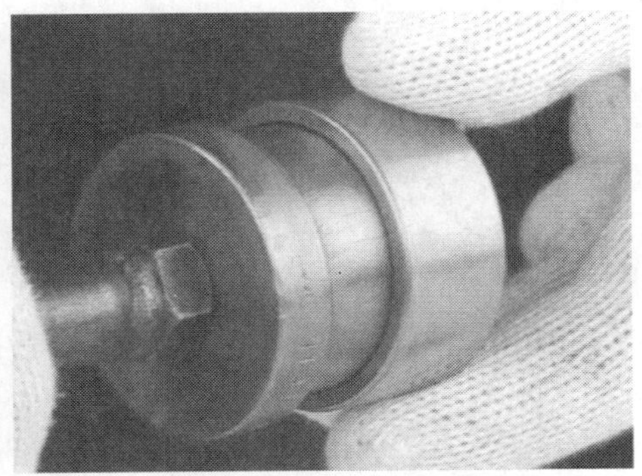

图 7-82 安装轴承在支撑座上

(9)将支撑座与螺杆组件安装在一起,如图 7-83 所示。

(10)将组件装入后摆臂套管,使内轴承靠近轴承座孔,如图 7-84 所示。

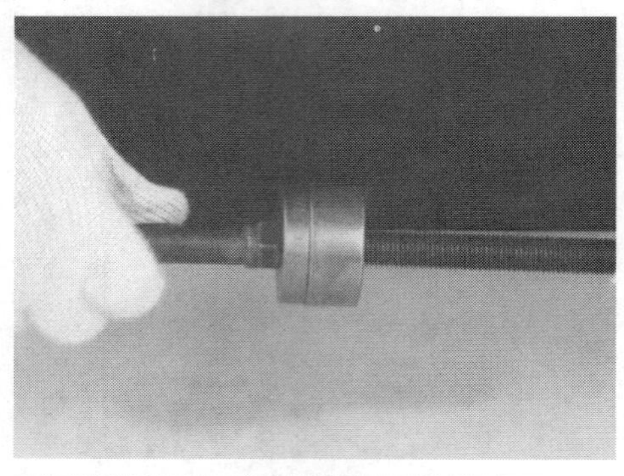

图 7-83　安装支撑座与螺杆组件

图 7-84　将组件装入套管,使内轴承靠近轴承座孔

(11)在另一端螺杆的螺纹上涂抹润滑脂,如图 7-85 所示。

(12)安装支撑板,如图 7-86 所示。

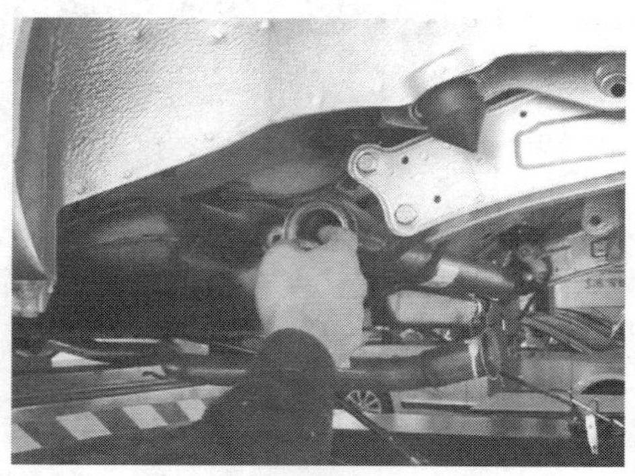

图 7-85　在螺杆的螺纹上涂抹润滑脂

图 7-86　安装支撑板

(13)安装摩擦垫圈,如图 7-87 所示。

(14)安装紧固螺母,如图 7-88 所示。

图 7-87　安装摩擦垫圈

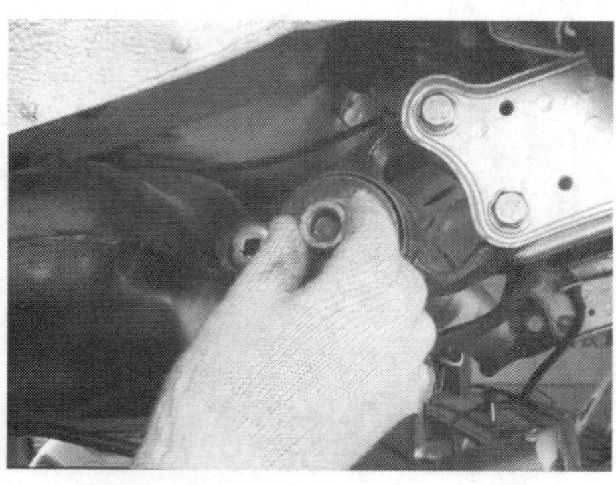

图 7-88　安装紧固螺母

(15)拧紧螺母,使内轴承进入轴承孔,如图 7-89 所示。

(16)轴承安装到定位位置时,定位板与套管平齐,如图 7-90 所示。

图 7-89 拧紧螺母,装入内轴承

图 7-90 内轴承定位板与套管平齐

(17)取下组装工具,如图 7-91 所示。

(18)用同样方法安装另一侧的内轴承。

**4** 安装外侧轴承

(1)在外轴承上涂抹润滑脂,如图 7-92 所示。

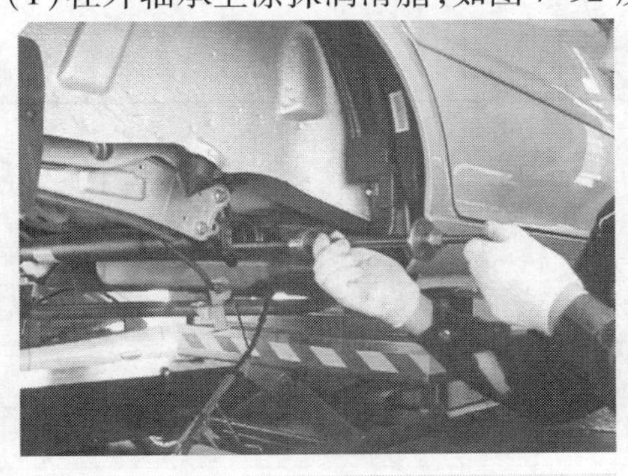
图 7-91 取下组装工具

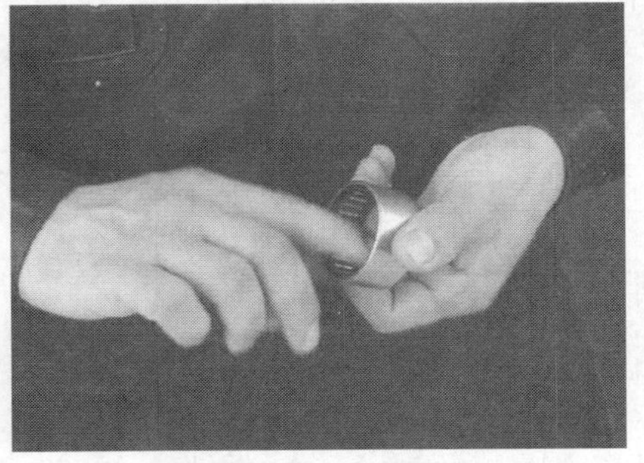
图 7-92 涂抹润滑脂

(2)将轴承安装在轴承安装冲头上,如图 7-93 所示。

**警告:**轴承有字的一面朝向定位台肩。

(3)将装有外轴承的安装工具插入套管中,如图 7-94 所示。

图 7-93 安装外轴承在冲头上

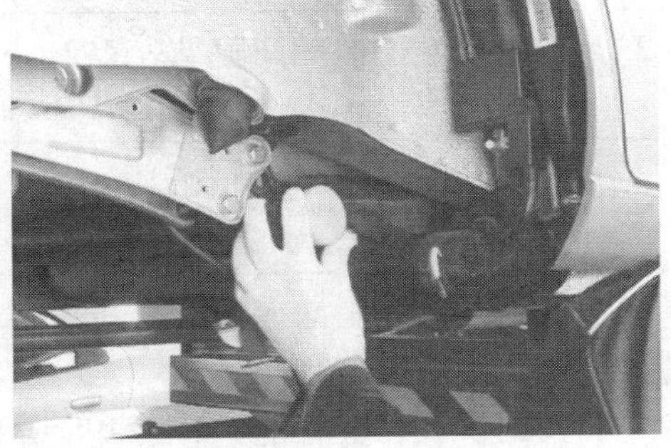
图 7-94 将装有外轴承的安装工具插入套管

(4)用橡胶锤将外轴承安装到位,如图 7-95 所示。

(5)取下安装冲头,如图 7-96 所示。

图 7-95　用橡胶锤将外轴承安装到位

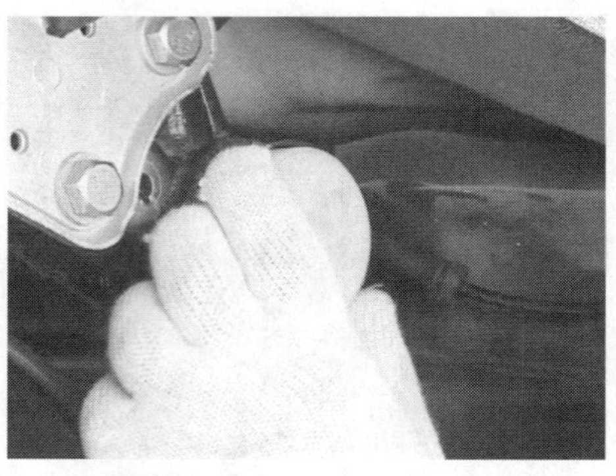

图 7-96　取下安装冲头

(6)用同样方法安装另一侧的轴承。

## 5 摆臂的安装

(1)后摆臂安装拧紧力矩见表 7-1。

**后摆臂安装拧紧力矩(N·m)**　　表 7-1

| | |
|---|---|
| 平衡杆与固定板螺栓 | 20 |
| 固定板摆臂固定螺栓 | 35 |
| 扭力杆挡板固定螺栓 | 20 |
| 扭力杆定位螺母 | 20 |
| 减振器上端固定螺母 | 75 |
| 减振器下端固定螺母 | 120 |
| 制动底板固定螺栓 | 40 |
| 轮速传感器固定螺栓 | 8 |
| 后轴轮毂螺母 | 200 |
| 轮胎固定螺母 | 90 |

(2)后摆臂安装的装配间隙见表 7-2。

**后摆臂安装的装配间隙(mm)**　　表 7-2

| | |
|---|---|
| 后摆臂定位板与后轴套管(两端) | 0.05 |
| 平衡杆与后摆臂定位块(一端) | 1 |

(3)在油封的刃口上涂抹润滑脂,如图 7-97 所示。

**警告:**必须更换新油封。

(4)将油封安装在套管上,如图 7-98 所示。

**警告:**油封一端有字的一面朝外。

图 7-97　涂抹润滑脂

图 7-98　安装油封

(5)安装后轴油封,如图 7-99 所示。

**警告:**必须更换新油封。

(6)在后摆臂轴承轴颈上涂抹润滑脂,如图 7-100 所示。

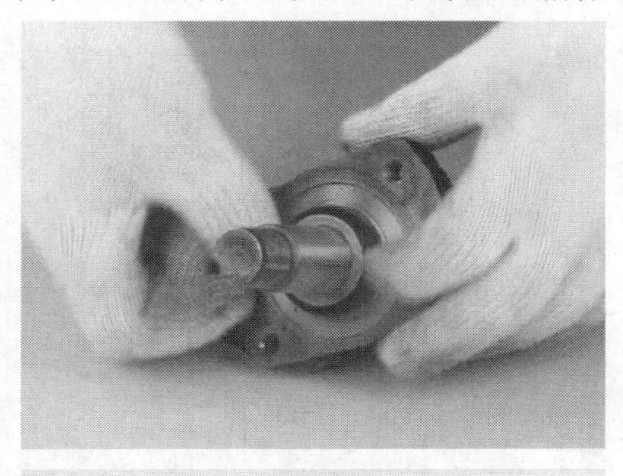
图 7-99　安装后轴油封

图 7-100　涂抹润滑脂

(7)将后摆臂安装在套管上,如图 7-101 所示。

(8)安装后摆臂定位块和模拟减振器,如图 7-102 所示。

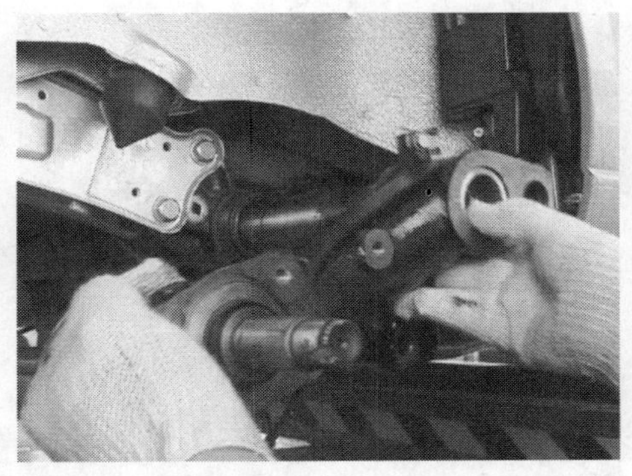
图 7-101　安装后摆臂

图 7-102　安装定位块和模拟减振器

(9)保持模拟减振器轴线到定位块距离最短,如图 7-103 所示。

(10)按同样方法安装另一侧的后摆臂、定位块、模拟减振器,如图 7-104 所示。

图 7-103　模拟减振器安装位置

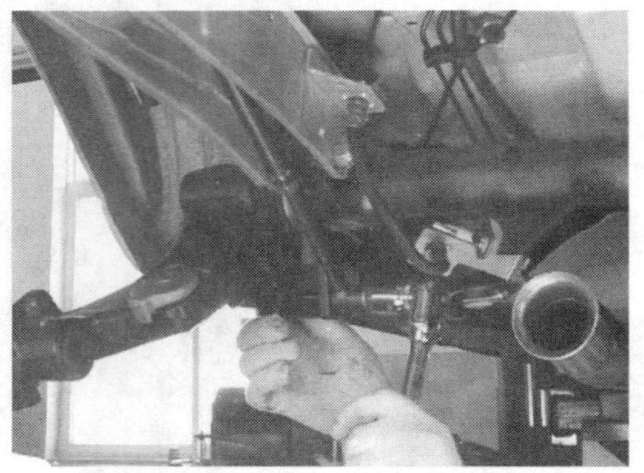

图 7-104　另一侧后摆臂、定位块、模拟减振器的安装

(11)安装双头螺栓在右扭力杆无标记的一端,如图 7-105 所示。

(12)在扭力杆的花键处涂抹润滑脂,如图 7-106 所示。

图 7-105　安装双头螺栓

图 7-106　涂抹润滑脂

(13)将扭力杆装入后摆臂的座孔内,如图 7-107 所示。

**警告:**扭力杆上有一道标记环的为右扭力杆,有两道标记环的为左扭力杆。

(14)用手将扭力杆推入 8 ~ 10mm,对正扭力杆定位标记,如图 7-108 所示。

图 7-107　装入扭力杆

图 7-108　对正扭力杆标记

(15)用拉拔器安装扭力杆,如图 7-109 所示。

(16)安装扭力杆挡板,如图 7-110 所示。

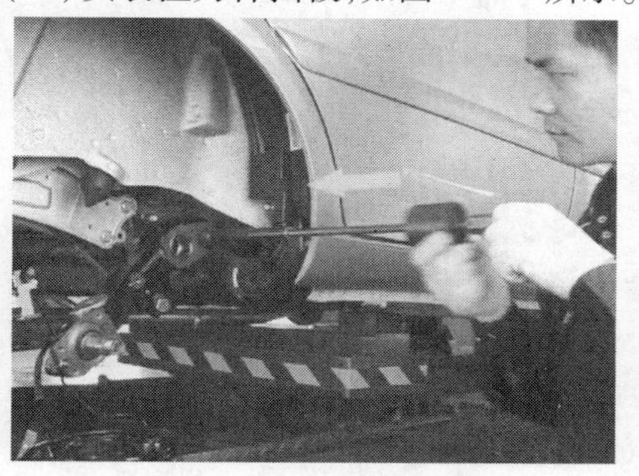

图 7-109　安装扭力杆

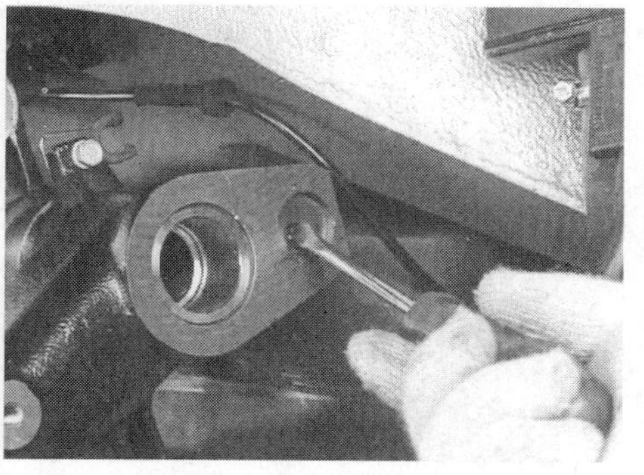

图 7-110　安装扭力杆挡板

(17)拧紧扭力杆挡板紧固螺栓,拧紧力矩 20 为 N·m,如图 7-111 所示。

(18)检查后摆臂定位块与套管的间隙,应为 0.05mm,如图 7-112 所示。

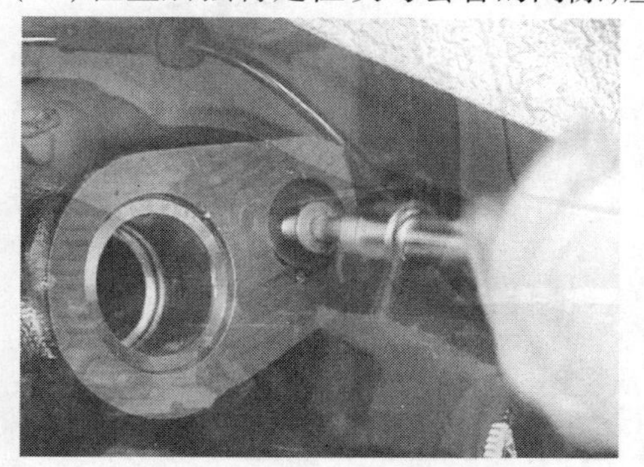

图 7-111　拧紧扭力杆挡板固定螺栓

图 7-112　检查后摆臂安装间隙

(19)若间隙过大,可用橡胶锤敲打后摆臂,至间隙符合要求,如图 7-113 所示。

(20)调节扭力杆另一端的双头螺柱,使双头螺柱台肩与定位片刚好接触,如图 7-114 所示。

图 7-113　调整后摆臂装配间隙

图 7-114　调节双头螺柱与定位片接触

(21)安装垫圈，如图 7-115 所示。

(22)安装双头螺柱紧固螺母，如图 7-116 所示。

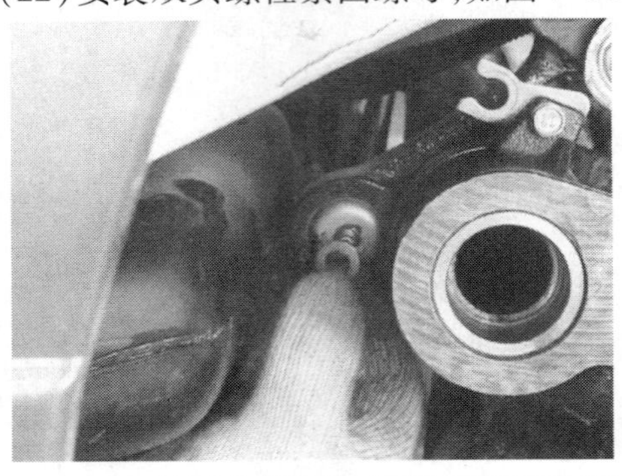

图 7-115　安装垫圈图

图 7-116　安装紧固螺母

(23)拧紧紧固螺母，拧紧力矩为 20N · m，如图 7-117 所示。

(24)用同样方法，装入左扭力杆，如图 7-118 所示。

图 7-117　拧紧紧固螺母

图 7-118　装入左扭力杆

(25)在平衡杆固定板上安装新的衬套和油封，如图 7-119 所示。

(26)在固定板和油封上涂抹润滑脂，如图 7-120 所示。

**注意：**必须在固定板花键槽内及油封表面的凹槽内涂润滑油。

图 7-119　安装新的衬套和油封

图 7-120　在定位板上涂抹润滑脂

(27)在平衡杆花键处涂抹润滑脂,如图7-121所示。

(28)组装平衡杆与固定板,如图7-122所示。

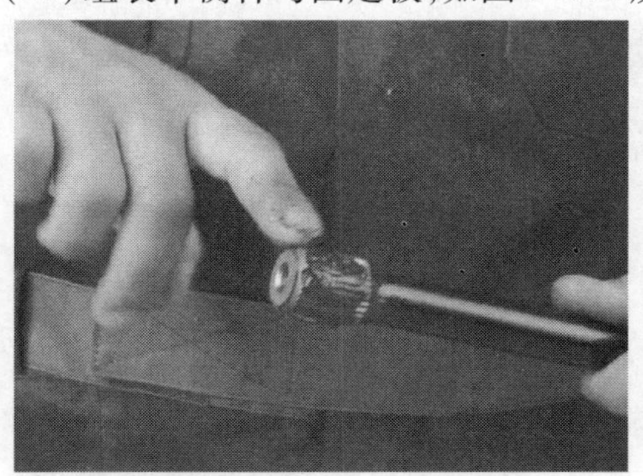

图7-121　在平衡杆花键处涂抹润滑脂

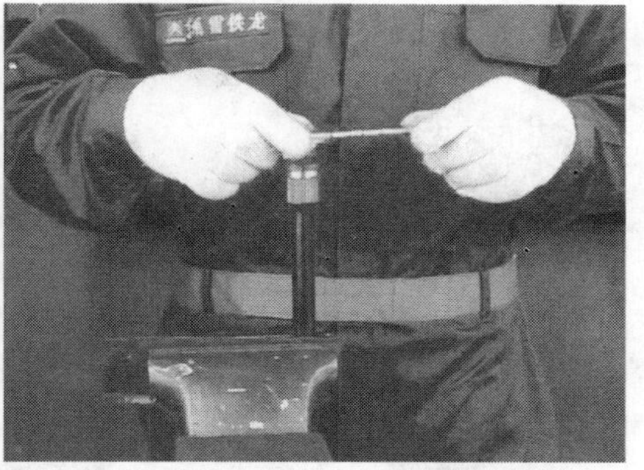

图7-122　组装平衡杆与固定板

(29)组装时,应使平衡杆的缺口与固定板的轴线对齐,如图7-123所示。

(30)在安装工具螺栓的螺纹上涂抹润滑脂,如图7-124所示。

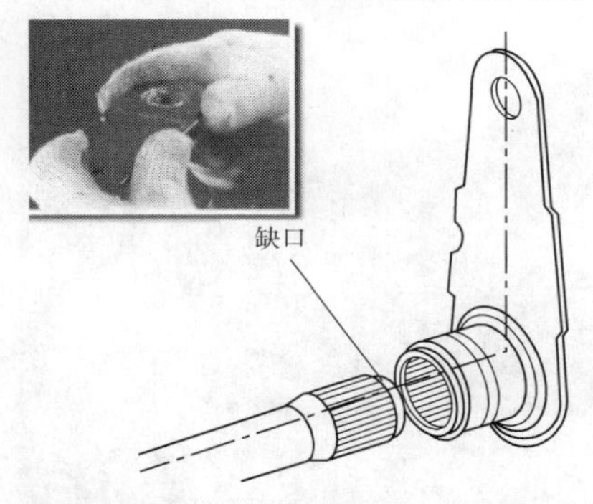


图7-123　平衡杆与固定板的组装要求

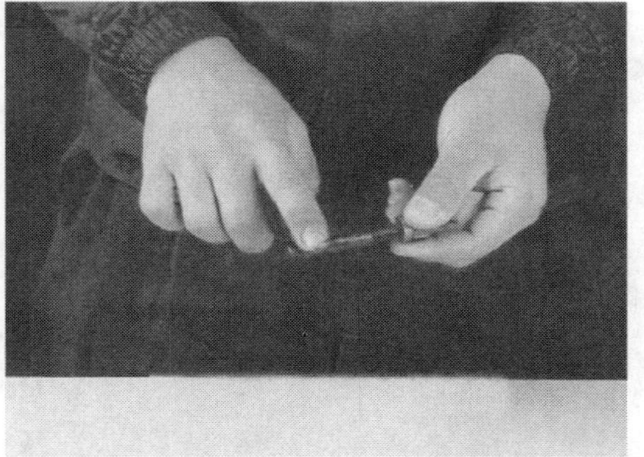

图7-124　在安装工具螺栓的螺纹上涂抹润滑脂

**注意**:稳定杆的缺口与固定板的轴线对齐。

(31)用安装工具螺栓将固定板安装在平衡杆上,如图7-125所示。

(32)从左侧装入平衡杆至后轴套管,如图7-126所示。

图7-125　组装平衡杆与固定板

图7-126　装入平衡杆

(33)固定平衡杆固定板,如图7-127所示。

(34)用M8×125的螺栓固定平衡杆与固定板,拧紧力矩为20N·m,如图7-128所示。

图7-127　固定平衡杆固定板

图7-128　紧固平衡杆与固定板

(35)在扭力杆右端安装固定板,如图7-129所示。

(36)安装固定板安装工具螺栓,如图7-130所示。

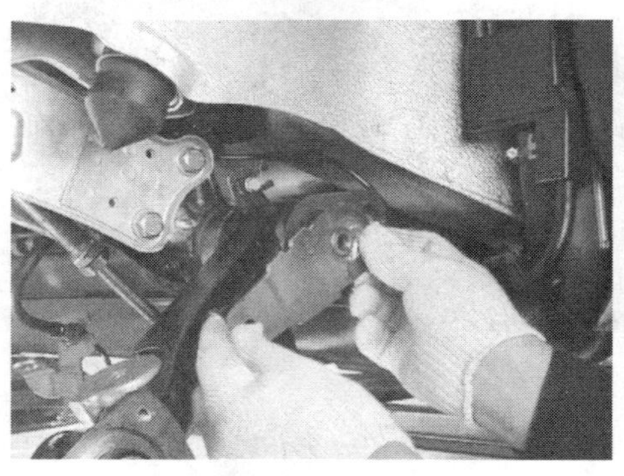

图7-129　安装右固定板

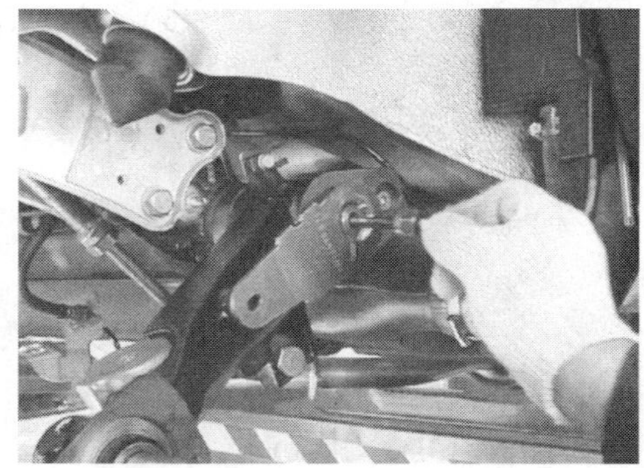

图7-130　安装固定板安装工具螺栓

(37)拧紧工具螺母,安装固定板,使固定板与后摆臂的间隙为1mm,如图7-131所示。

(38)拆下工具螺栓,安装固定板螺栓,拧紧力矩为20N·m,如图7-132所示。

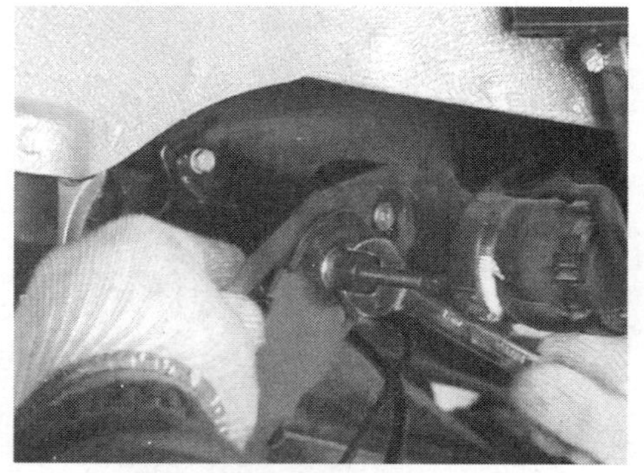

图7-131　安装调整固定板

图7-132　安装固定板螺栓

(39)拆卸另一端的 M8 ×125 螺栓,如图 7-133 所示。

(40)安装固定板螺栓,拧紧力矩为 20N · m,如图 7-134 所示。

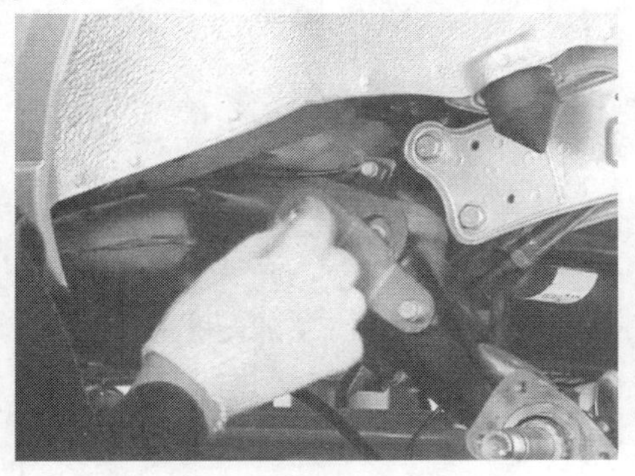

图 7-133 拆卸 M8 ×125 的螺栓

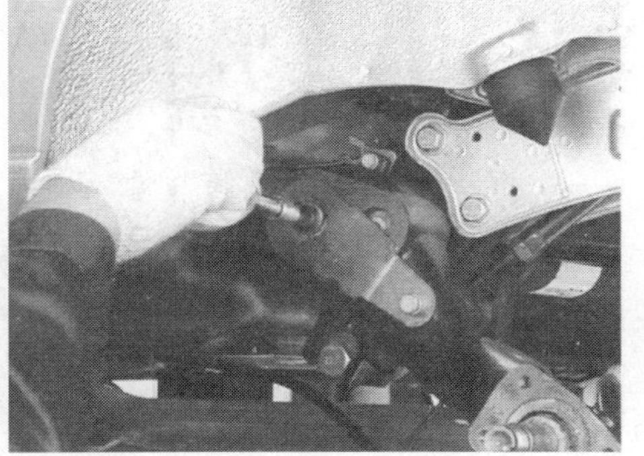

图 7-134 安装另一端的固定板螺栓

(41)拆下模拟减振器和定位块,如图 7-135 所示。

(42)安装减振器,如图 7-136 所示。

**警告:**应使减振器有凹陷的一面朝内。

图 7-135 拆下模拟减振器和定位块

图 7-136 安装减振器

(43)拧紧减振器上端螺栓,拧紧力矩为 75N · m,如图 7-137 所示。

**警告:**减振器上下端必须更换新的螺母。

(44)安装制动管路支架,如图 7-138 所示。

图 7-137 拧紧减振器上端螺栓

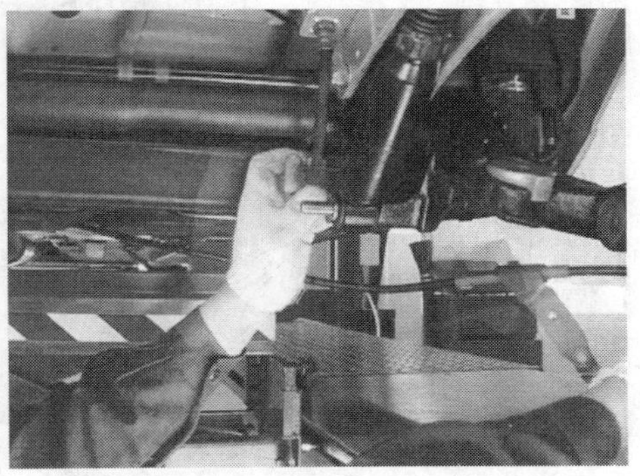

图 7-138 安装制动管路支架

(45)拧紧减振器下端螺栓,拧紧力矩为120N·m,如图7-139所示。

(46)用同样方法,安装另一侧减振器,如图7-140所示。

图7-139　拧紧减振器下端螺栓

图7-140　安装另一侧减振器

(47)在制动底板螺栓的螺纹部分涂抹防松胶,如图7-141所示。

(48)拧紧制动底板螺栓,拧紧力矩为40N·m,如图7-142所示。

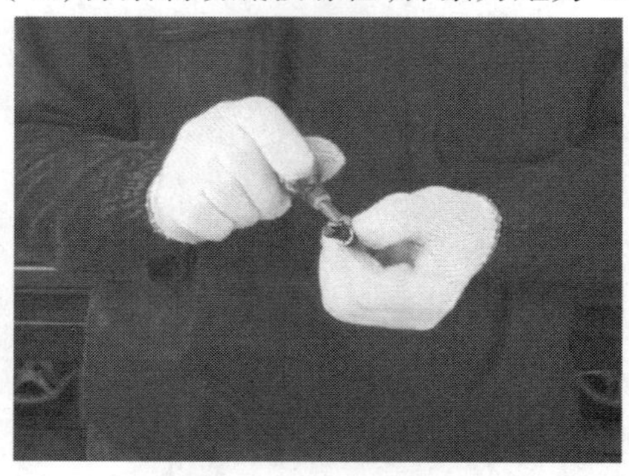

图7-141　涂抹防松胶

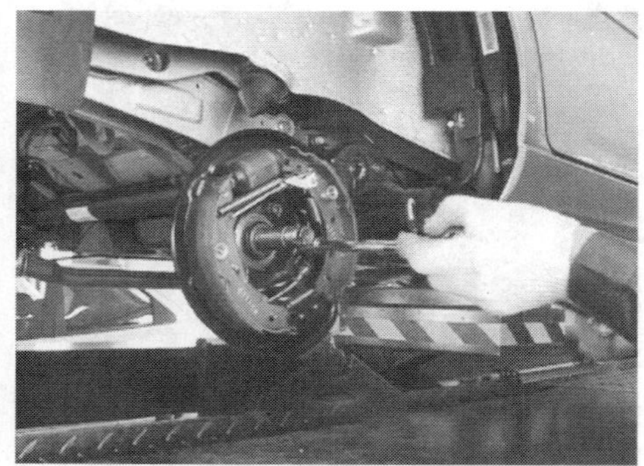

图7-142　拧紧制动底板螺栓

(49)安装驻车制动管路支架,拧紧力矩为35N·m,如图7-143所示。

(50)拧紧驻车制动管路支架时,要使支架下端的开口位置对准后摆臂的加强筋,如图7-144所示。

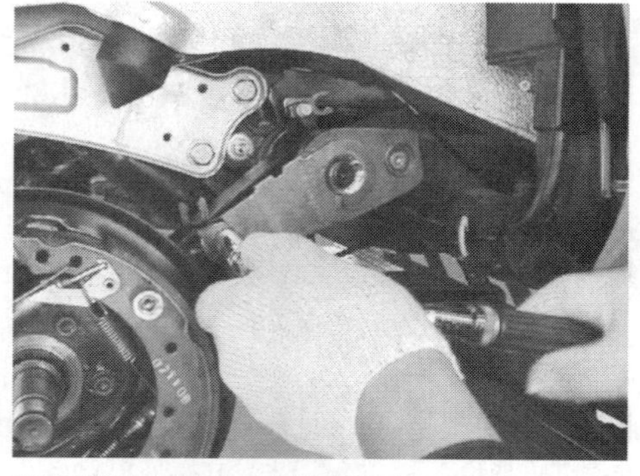

图7-143　安装驻车制动管路支架

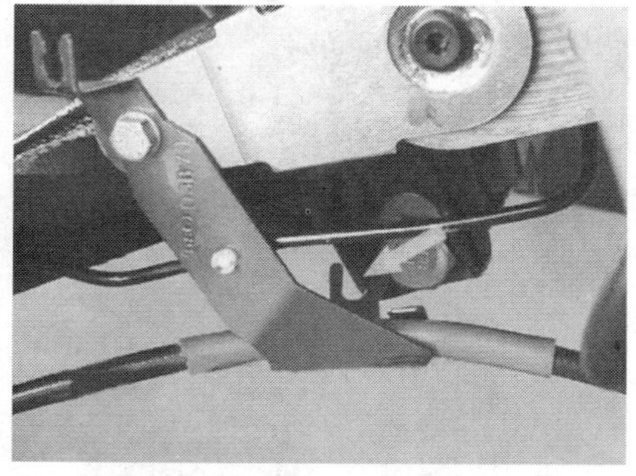

图7-144　制动管路悬架安装位置

(51)检查制动鼓、制动蹄,应无油污污染,如图 7-145 所示。

(52)在后轴轮毂轴承轴颈上涂抹润滑脂,如图 7-146 所示。

图 7-145　检查制动鼓、制动蹄的清洁情况

图 7-146　在后轴轴颈上涂抹润滑脂

(53)安装轮毂垫圈,如图 7-147 所示。

(54)安装制动鼓,如图 7-148 所示。

图 7-147　安装轮毂垫圈

图 7-148　安装制动鼓

(55)安装后轴螺母垫圈,如图 7-149 所示。

(56)安装后轴紧固螺母,如图 7-150 所示。

**警告:**必须安装新的后轴紧固螺母。

图 7-149　安装后轴螺母垫圈

图 7-150　安装后轴紧固螺母

(57)拧紧后轴紧固螺母,拧紧力矩为200N·m,如图7-151所示。

(58)锁止后轴紧固螺母,如图7-152所示。

图7-151　拧紧后轴紧固螺母

图7-152　锁止后轴紧固螺母

(59)安装后轴轮毂护盖,如图7-153所示。

**警告:**必须安装新的轮毂护盖。

(60)安装轮速传感器,如图7-154所示。

**警告:**不要碰伤传感器头部。

图7-153　安装轮毂护盖

图7-154　安装轮速传感器

(61)在传感器紧固螺栓的螺纹上涂抹防松胶,如图7-155所示。

(62)拧紧传感器紧固螺栓,拧紧力矩为8N·m,如图7-156所示。

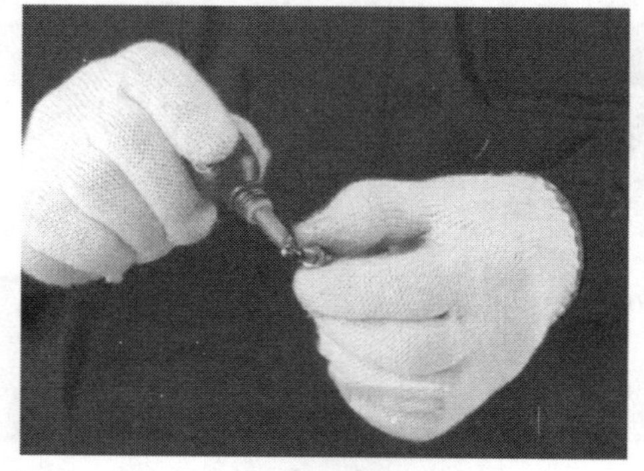

图7-155　在螺纹上涂抹防松胶

图7-156　拧紧传感器紧固螺栓

(63)安装线束及线束夹,如图 7-157 所示。

(64)用同样方法,安装另一侧的制动鼓、线束夹,如图 7-158 所示。

图 7-157 安装线束及线束夹

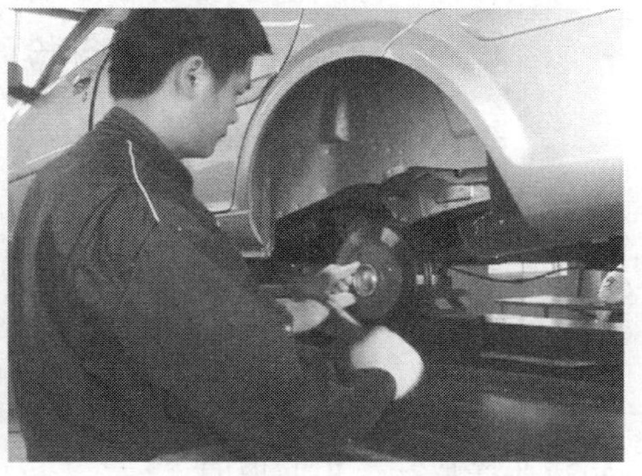
图 7-158 安装另一侧的制动鼓、线束夹

(65)安装后轮轮胎(两侧),预紧螺栓,如图 7-159 所示。

(66)落下后轮,紧固轮胎螺栓,拧紧力矩为 90N · m,如图 7-160 所示。

图 7-159 安装后轮轮胎

图 7-160 拧紧轮胎螺栓

(67)安装后轮装饰板,如图 7-161 所示。

(68)拉紧驻车制动器操纵杆,如图 7-162 所示。

图 7-161 安装后轮装饰板

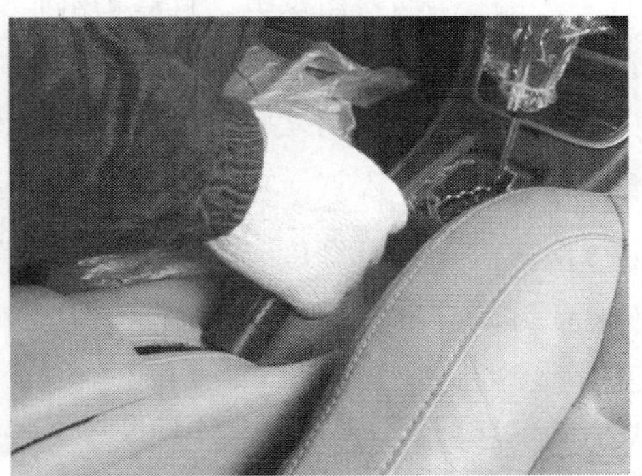
图 7-162 拉紧驻车制动器操纵杆

(69)起动举升机,落下汽车,如图 7-163 所示。

图 7-163　落下汽车

## 引导问题 8　如何对爱丽舍轿车车身倾斜的故障进行检修?

### 1 车身后部高度的检查

#### 1 检查条件

(1)汽车空载,油箱加满。

(2)轮胎为标准气压。

(3)汽车停放在平坦的地面。

(4)测量前,摇晃汽车,消除悬架机构的应力。

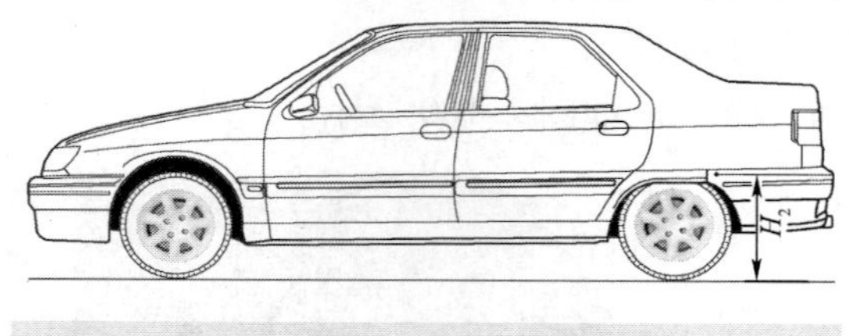


图 7-164　爱丽舍检查后部高度检查

#### 2 检查标准

汽车后部高度是后桥弹性连接块与地面的距离,如图 7-164 所示。

其标准值 $H_2$ = 376mm,左右两边高度差不得超过 10mm。

#### 3 测量方法

先测量右边高度,再测量左边高度,两值之和除以 2,即为汽车后部高度。

当后部高度不符合标准时,应进行调整;当左右两边高度差大于 10mm 时,也应进行调整。

### 2 后部高度的调整

#### 1 调整原理

是通过转动扭杆弹簧,同时改变它在支架花键孔和摆臂花键孔的位置来调节后部高度。

对于爱丽舍轿车,其专用工具模拟减振器 9501-T-F1,如图 7-165 所示。

调整时,专用工具模拟减振器 9501-T-F1 的预调长度为 346mm,螺距为 1mm,长度 $X$ 每变化 2mm,则扭杆花键与摆臂的花键的啮合位置改变一个齿,相应的车身高度变化 3mm。

#### 2 调整操作

(1)检查汽车后部高度,确定需要调节的高度数值和调节方向。

(2)在拆卸扭杆弹簧前,在扭杆和摆臂的端面,标记扭杆弹簧在摆臂孔内的位置,如图 7-166所示。

(3)测量此时工具 9501-T-F1 的调整起点 $X$ 值,拆下扭杆弹簧,如图 7-167 所示。

(4)按后部高度需要调整的数值和方向,将工具 9501-T-F1 的 $X$ 值调长(升高)或调短(降低)适当数值,如图 7-168 所示。

(5)将扭杆弹簧按表7-3的方向，逐齿地转动寻找能自由插入座孔8～10mm的位置，然后装上扭杆弹簧。

(6)若是后部整体高度改变，需要两边都调整。

(7)调整后，应重新检查后部高度，确定是否满足要求，必要时重新进行调整。

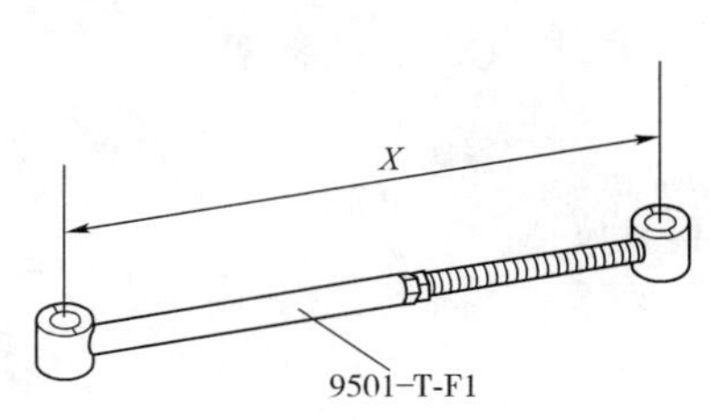

图7-165 模拟减振器

图7-166 标记扭杆弹簧在摆臂孔的位置

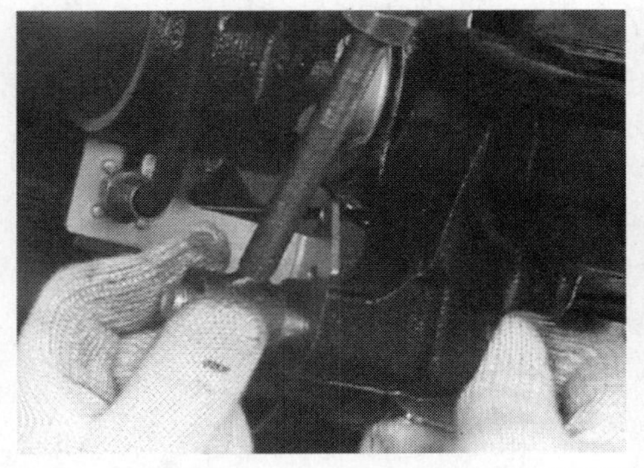
图7-167 测量工具的起点 $X$ 值

图7-168 改变工具 $X$ 的数值

**高度调整方法(N·m)** 表7-3

| 调整方向 | 转动方向 | |
|---|---|---|
| | 左扭杆弹簧 | 右扭杆弹簧 |
| 增加高度 | | |
| 降低高度 | | |

## 引导问题9 什么是汽车主动悬架(又称电控悬架)？

现代汽车中的悬架有两种，一种是从动悬架，另一种是主动悬架。

从动悬架即传统式的悬架，是由弹簧、减振器（减振筒）、导向机构等组成，它的功能是减弱路面传给车身的冲击力，衰减由冲击力而引起的承载系统的振动。其中弹簧主要起减缓冲击力的作用，减振器的主要作用是衰减振动。由于这种悬架是由外力驱动而起作用的，所以称为从动悬架。

而主动悬架的控制环节中安装了能够产生触动的装置，采用一种以力抑力的方式来抑制路面对车身的冲击力及车身的倾斜力。由于这种悬架能够自行产生作用力，因此称为主动悬架。由于主动悬架中的控制装置都使用计算机技术，故又称电控悬架。

## 引导问题 10　电控悬架系统的组成是怎样的？

由计算机控制的新型悬架，具备三个条件：

（1）具有能够产生作用力的动力源。

（2）执行元件能够传递这种作用力并能连续工作。

（3）具有多种传感器并将有关数据集中到微机进行运算并决定控制方式。

因此，主动悬架汇集了力学和电子学的技术知识，是一种比较复杂的高技术装置，如图 7-169 所示。

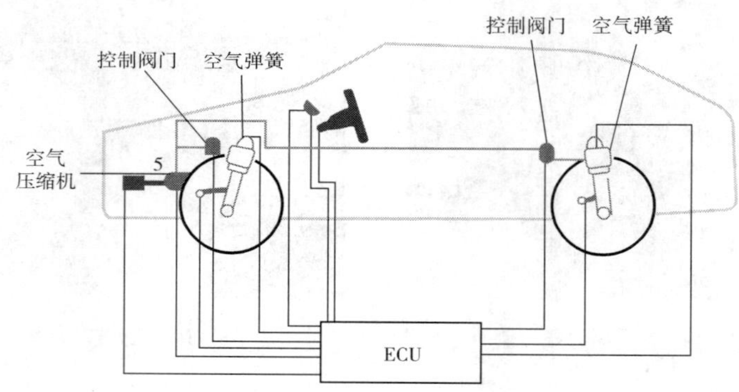


图 7-169　电控悬架系统

## 引导问题 11　目前电控悬架的控制形式有哪些？

电控悬架的控制形式主要有两种，即液压控制形式和由气压控制形式。

电控悬架的液压控制形式是较先进的形式，主动悬架就属于这一类形式，它采用一种有源方式来抑制路面对车身的冲击力及车身倾斜力。

电控悬架的气压控制形式又称自适应悬架，它通过在一定范围内的调整来应对路面的变化。

不管是主动悬架还是自适应悬架，它们都有电子控制元件（ECU），有 ECU 就必然要有耳目做辅助，也就是要有传感器。传感器是电控悬架上重要的零部件，一旦失灵整个悬架系统工作就会不正常。

## 引导问题 12　电控悬架系统实现了哪些控制功能?

电控悬架系统通常有以下三个控制功能。

### 1 车高调整

当汽车在起伏不平的路面行驶时,可以使车身抬高,以便于通过;在良好路面高速行驶时,可以降低车身,以减少空气助力,提高操纵稳定性。

### 2 阻尼力控制

用来提高汽车的操纵稳定性,在急转弯、急加速和紧急制动情况下,可以抑制车身姿态的变化。

### 3 弹簧刚度控制

改变弹簧刚度,使悬架满足运动或舒适的要求。

采用主动式悬架后,汽车对侧倾、俯仰、横摆跳动和车身的控制都能更加迅速、精确,汽车高速行驶和转弯的稳定性提高,车身侧倾减少。制动时车身前俯小,起动和急加速可减少后仰。即使在坏路面,车身的跳动也较少,轮胎对地面的附着力提高。控制表现形式如图7-170所示。

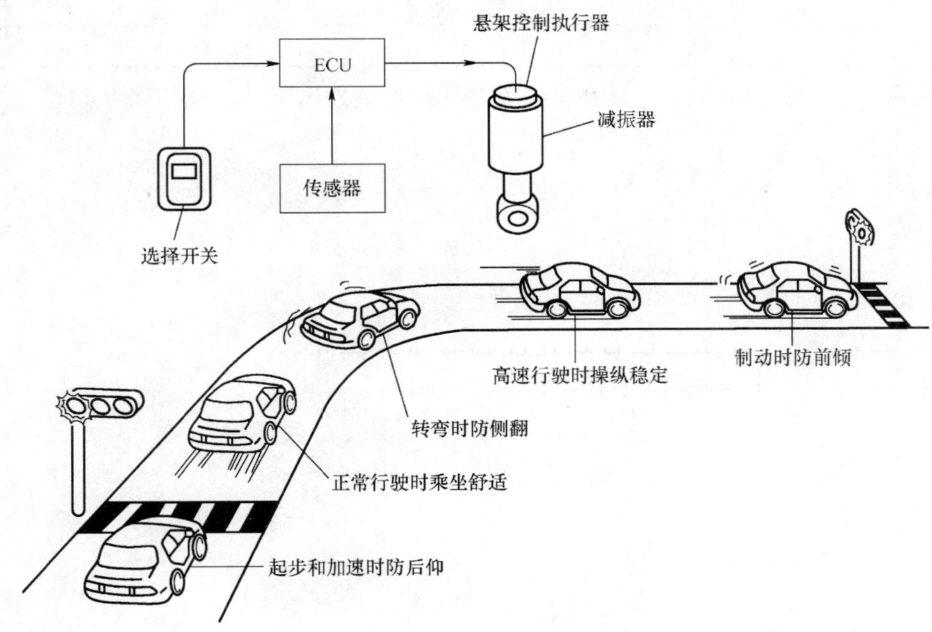


图 7-170　道路悬架的控制功能

## 三、评价反馈

1. 对本学习任务进行评价：各小组人员对学习本学习任务时的表现情况依据评分表进行评价，见表 7－4。

评 分 表　　表 7-4

| 考核项目 | 评分标准 | 分 数 | 学生自评 | 小组评价 | 教师评价 | 小 计 |
|---|---|---|---|---|---|---|
| 团队合作 | 是否和谐 | 5 | | | | |
| 活动参与 | 是否主动 | 5 | | | | |
| 安全生产 | 有无安全隐患 | 10 | | | | |
| 现场5S | 是否做到 | 10 | | | | |
| 任务方案 | 是否合理 | 15 | | | | |
| 操作过程 | 1. 作业前的准备；<br>2. 后悬架的拆卸与安装；<br>3. 车身倾斜的检查与调整 | 30 | | | | |
| 任务完成情况 | 是否圆满完成 | 5 | | | | |
| 操作过程 | 是否标准规范 | 10 | | | | |
| 劳动纪律 | 是否严格遵守 | 5 | | | | |
| 工单填写 | 是否完整、规范 | 5 | | | | |
| 总 分 | | 100 | | | | |
| 教师签名 | | | | 得 分 | | |

2. 在实施作业的过程中是否存在一些安全隐患？请找出容易忽视的地方。

3. 你能画出汽车车身倾斜的故障诊断流程图吗？

4. 口述本次操作维护的流程。

## 四、学习拓展

1. 查阅资料，说明卡罗拉轿车、桑塔纳轿车的后悬架的类型，各有何特点？

2. 若卡罗拉轿车出现车身倾斜的现象，能否通过调整排除故障？

3. 通过学习任务六和学习任务七的学习后，你还应对汽车悬架的新技术作哪些知识的了解？

# 学习任务八

## 行驶跑偏故障的诊断与排除

### 学习目标

学习完本任务后,你应该能:

1. 叙述汽车行驶跑偏的现象;
2. 知道影响汽车行驶跑偏的原因;
3. 知道汽车车轮定位参数的含义和作用;
4. 了解汽车车轮定位参数的检测条件;
5. 掌握计算机四轮定位仪的检测方法;
6. 了解汽车车轮定位参数的调整方法。

**建议完成本学习任务的时间为 10 课时。**

### 学习任务描述

一辆丰田卡罗拉 1.6L 轿车,车主反映行驶中必须紧握转向盘才能保持汽车直线行驶,若稍有放松转向盘汽车就向左行驶,偏离车道。几天前进行了车轮动平衡的检测,一切正常。请你对汽车进行检测,确定故障部位并且进行修理。

### 学习内容

# 一、资料收集

## 引导问题1 引起汽车行驶跑偏的原因有哪些?

### 1 轮胎磨损不一致

两侧车轮磨损不一致,会使车轮的滚动半径不同,汽车就总会偏向滚动半径小的轮胎一侧。所以更换轮胎时,尽量左、右两轮同时更换,两轮花纹及新旧程度应相同。

### 2 前面两个轮胎胎压不一致

轮胎左、右两边气压相差过多,也使得两侧车轮的滚动半径不同,汽车总会偏向气压低的一侧,所以,当轮胎缺气时,应及时补充至标准气压。

### 3 车轮定位参数不对

前轮前束与转向轮外倾角的匹配度不对引起汽车跑偏。

### 4 球头有问题

球头松旷会改变车轮的前束值,所以会引起汽车跑偏。

### 5 其他原因

此外,前轴、车架变形,一侧制动发咬等也会引起方向跑偏。

这里我们仅对车轮定位参数引起的汽车跑偏进行检测、分析、调整与维修。

## 引导问题2 什么是车轮定位?

为使转向操作轻便、行驶稳定可靠、减少轮胎的磨损,汽车的转向车轮、转向节和前轴三者之间的安装具有一定的相对位置,这种具有一定相对位置的安装称为转向车轮定位,又称前轮定位。前轮定位包括主销后倾角、主销内倾角、前轮外倾角和前轮前束四个内容。

这是对两个转向前轮而言,对两个后轮来说也同样存在与后轴之间安装的相对位置,称为后轮定位。后轮定位包括后轮外倾角、后轮前束和推进角。前轮定位和后轮定位总起来称为四轮定位。

## 引导问题3 车轮定位参数的含义与作用是什么?

### 1 主销后倾角

#### 1 放电过程主销后倾角的定义

从侧面看车轮,减振器支柱顶端与下悬架球头的连线(转向轴线)与经过车轮中心的地

面垂直线之间形成的夹角，称为主销后倾角，通常用字母 $\gamma$ 表示，如图 8-1 所示。

转向轴线向前为负，向后为正，如图图 8-2 所示。

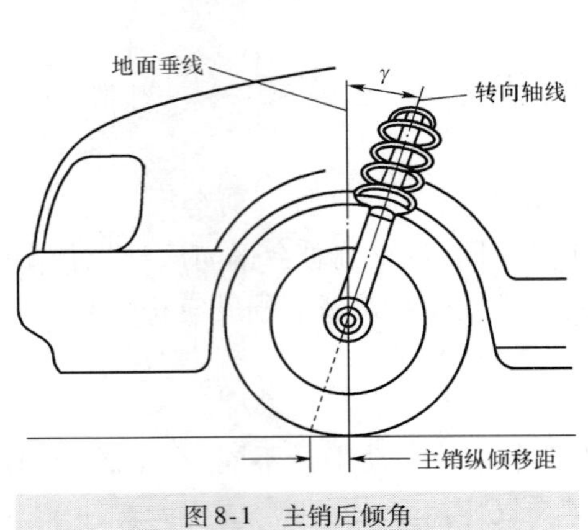

图 8-1　主销后倾角

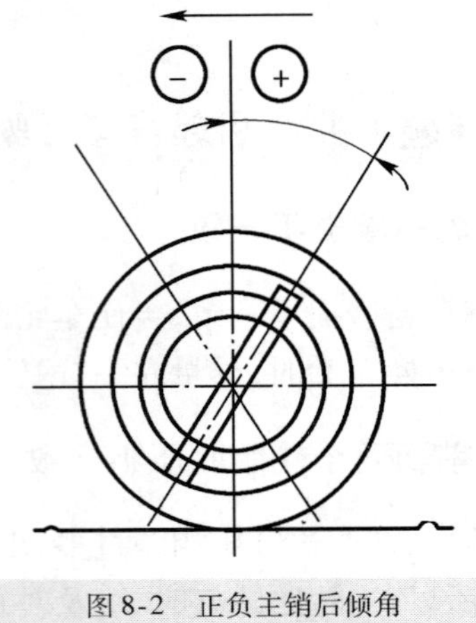

图 8-2　正负主销后倾角

### 2 主销后倾角的作用

提高汽车直线行驶时的稳定性。由于主销后倾角的存在，使车轮的接地点位于转向主销延长线的后端，行驶中的滚动阻力会将车轮向后拉，使汽车直线行驶时车轮回复到原来中间的位置；在行进转向后，路面对轮胎的阻力产生绕主销的回正力矩，正好与车轮偏转方向相反，这一回正力可使轮胎自动恢复到直线行驶位置，保证了汽车直线行驶的稳定性。

如图 8-3 所示，为便于理解后倾角的作用，我们可以做一个模拟试验：用指尖推动铅笔；铅笔显得摇摇晃晃；而当用指尖拉动铅笔，铅笔便做直线运动。与此原理相同（指尖相当于主销，铅笔的接地点相当于轮胎的垂直线）利用主销后倾角使转向车轮产生直线行驶的效果。

主销后倾角值为正时，轮胎后方与地面的接触面积较大，使车辆转向后能自动回复到直线行驶位置。因此，通常汽车所采用的后倾角值为正。主销后倾角越大，车速越高，车轮的稳定性越强。但是后倾角过大会造成转向沉重，使驾驶人容易疲劳。

### 3 主销后倾角设定不准确会对车辆性能造成的影响

（1）后倾角过小的影响：转向后，转向盘缺乏自动“回正”力量，车速高时，容易偏摆。

（2）后倾角左右不相等的影响：汽车会朝着后倾角较小的一边偏向行驶，如：将左前轮后倾角设定为 +0.5°，右前轮为 +1.5°时，则该车会向左跑偏。

## 2 主销内倾角

### 1 主销内倾角的定义

如图 8-4 所示，从正前方向后看车轮时，主销轴向车身内侧倾斜一个角度，该角度称为主销内倾角。通常该角度用希腊字母 $\beta$ 表示。

### ❷ 主销内倾角的作用

主销内倾角可以使转向轮自动回正,转向操纵轻便。当车轮以有角度的主销轴为中心进行转向,车轮的最低点将陷入路面以下,但实际上车轮下边缘不可能陷入路面以下,地面施加在车轮上的力使单侧车身升高,实现了转向操纵轻便的作用;当手松开转向盘后,汽车本身的重力有使转向车轮恢复到原来中间位置的效应,使车轮恢复到直线行驶位置,实现主销内倾角的回正作用。

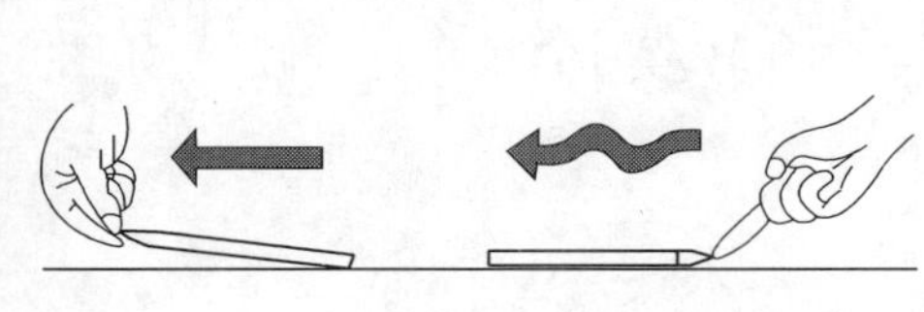
图 8-3　拉推铅笔的示意图

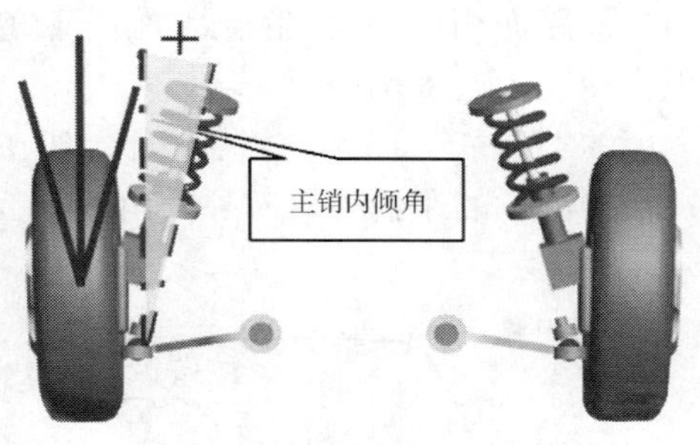

图 8-4　主销内倾角

主销后倾与主销内倾都有使汽车转向后自动回正、保持汽车直线行驶的作用,两者主要的区别在于主销后倾的回正作用与车速有关,而主销内倾的回正作用与车速无关。高速时后倾的回正作用大,低速时主要靠内倾的回正作用。直线行驶时车轮偶尔遇到冲击而偏转时,也主要靠主销内倾的回正作用。

## 3 车轮外倾角

### ❶ 车轮外倾角的定义

从正前方看车轮,车轮的纵向中心线与地面垂直线形成的夹角称为车轮外倾角,通常该角度用希腊字母 α 表示,如图 8-5 所示。

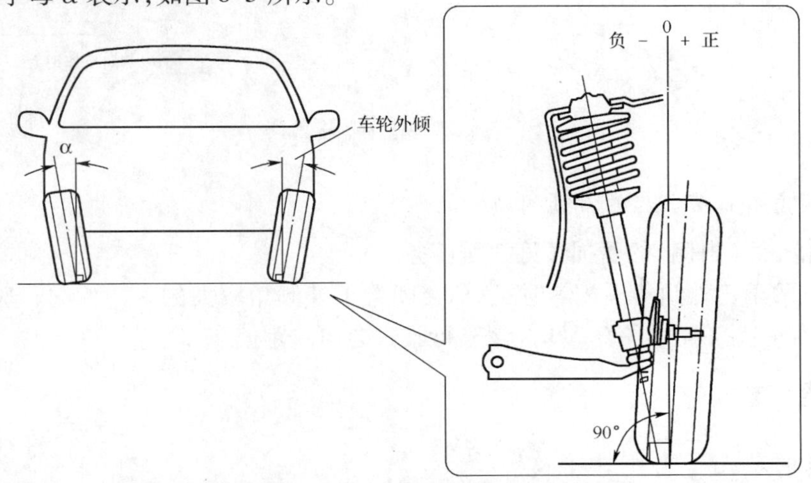

图 8-5　车轮外倾角

**2 正负车轮外倾角作用**

如图8-5所示，当车轮顶部向车外侧偏移时车轮外倾角为正值，反之则为负值。

(1)对于载货汽车而言：使用的车轮外倾角为正时，可以改善前桥的耐用性。因为假如空车时车轮正好垂直于地面，则满载时，车桥因受压产生变形，中间下沉，两端上翘，车轮便随之变为内倾，这样将加速轮胎的磨损。另外，内倾的车轮从两端向内挤压轮毂上的轴承，加重了它的负荷，降低了使用寿命。因此在安装车轮时要预先使车轮有一定的外倾，这也使其与拱形路面相适应，轮胎与路面成直角接触，轮胎磨损均匀。但是外倾角也不宜过大，否则也会使轮胎产生偏磨损。

(2)对于轿车而言：与过去相比，现在轿车所使用的悬架和车桥刚性较强，外倾角是负值。负外倾角的车辆转弯时外倾角减小，可以改善车辆在转弯时的车身过分倾斜，如图8-6所示。

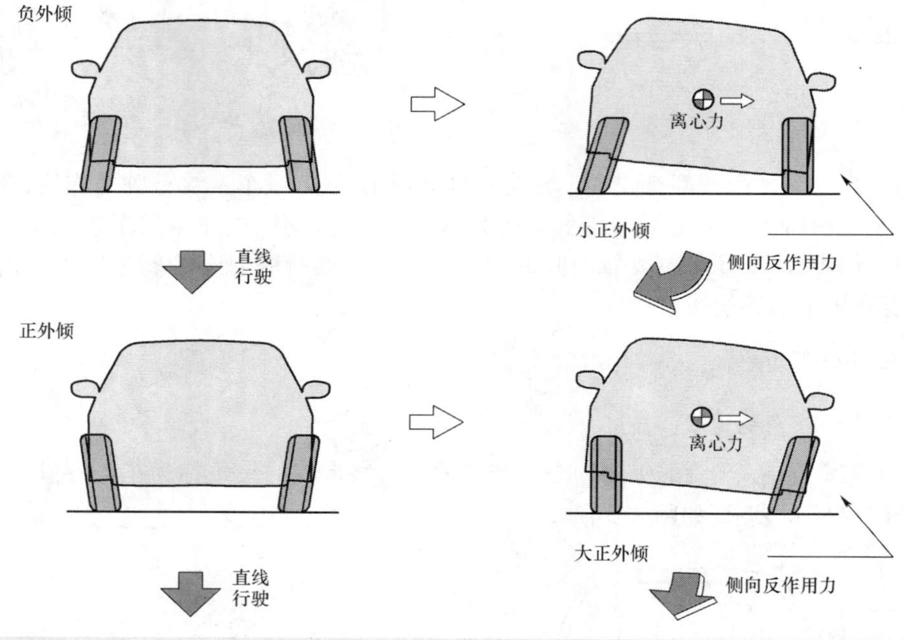


图8-6　车轮外倾角

**3 外倾角不正确引起的常见问题**

(1)轮胎外侧(内侧)的磨损（见学习任务二）

(2)左右两车轮外倾角不相等时，汽车会朝着正外倾角较大的一边偏向行驶。如：当左前轮外倾角为+1°，右轮为-0.5°时，该车行驶时会向左跑偏。

## 4 车轮前束

**1 前束的定义**

车轮前束为汽车两个前轮的两个旋转平面不平行，前端出现略向内束的现象。左右两

前轮间的后端距离 $A$ 与前端距离 $B$ 之差称为前束值。后缘大于前缘时，前束为正值，反之前束则为负值，如图 8-7 所示。

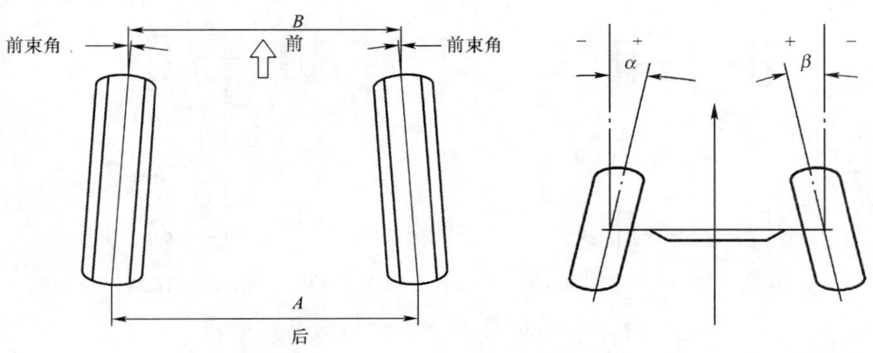


图 8-7　车轮前束

**❷ 前束的作用**

车轮有了外倾以后，在滚动时就会导致两侧车轮向外滚开。由于转向横拉杆和车桥的约束使车轮不可能向外滚开，于是车轮在无法按照自己的预想轨迹滚动的情况下，势必产生横向滑动，从而加重了轮胎的磨损。为了消除这种不良影响，在安装车轮时，使汽车两前轮并不平行，即车轮前束，前束通过抵消外倾角的滚动趋势来保持车轮直行和减少轮胎的异常磨损。车辆一般是正外倾角配正前束，负外倾角配负前束，如图 8-8 所示。

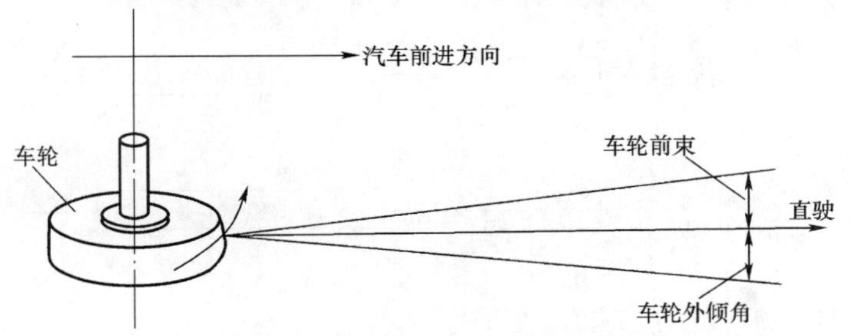


图 8-8　车轮外倾角与前束综合作用示意图

**❸ 前束不正常所出现的故障现象**

(1) 如果正前束值过大，轮胎的外缘产生锯齿形磨损；如果负前束过大，轮胎的内缘产生锯齿形磨损。(见学习任务二)

(2) 前束角不正常时(见图 8-7 的 $\alpha$、$\beta$)，若 $\alpha<\beta$ 右轮向左跑偏的作用大于左轮向右跑偏，两者共同的作用使汽车向左跑偏。

## 5 推进角

(1) 推进线：指车辆后轮总前束的夹角平分线。

(2) 推进角：如图 8-9 所示，车体中心线与推进线所形成的夹角。

(3) 推进角作用：当汽车直线行驶时，推进线应与汽车行驶的方向一致，若推进线无法与

车体中心线重合，则汽车会出现行驶跑偏现象。有些车辆可以通过调整后轮的前束来改变推进角，使推进线与车体中心线的夹角减少或接近0°。

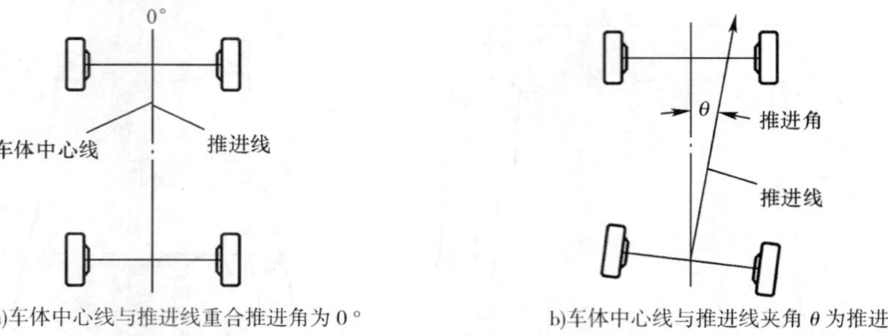


图8-9　推进线与推进角示意图

## 引导问题4　汽车行驶跑偏的故障诊断和排除的流程图是怎样的？

汽车行驶跑偏的故障诊断和排除的流程如图8-10所示。

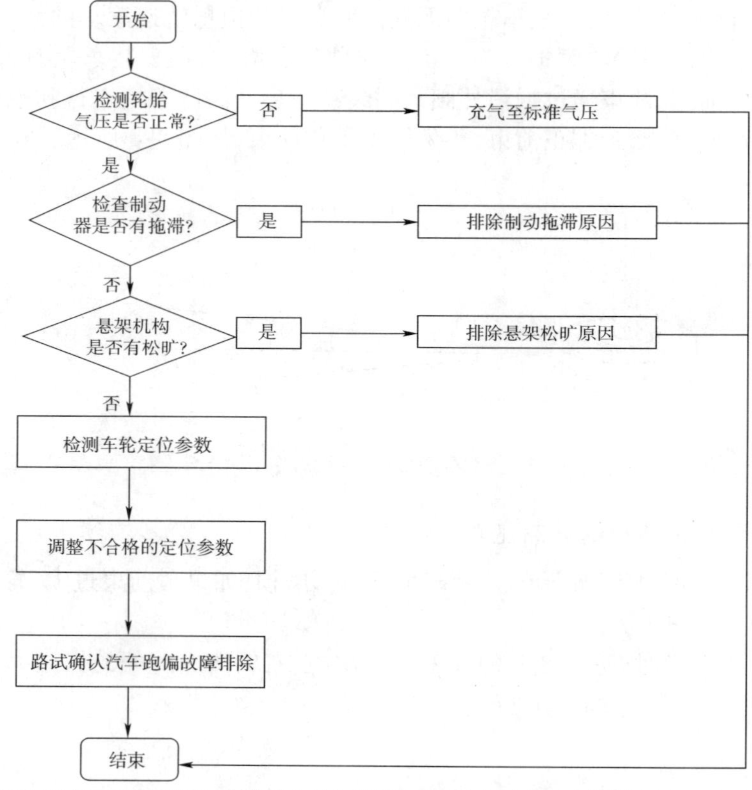


图8-10　汽车行驶跑偏的故障诊断和排除的流程图

若按流程图进行检测，发现是车轮定位参数引起的，你能进行车轮定位参数的检测和调整，来排除汽车行驶跑偏的故障吗？

## 二、实施作业

### 引导问题5 车轮定位检测需要哪些工具、材料与设备?

(1)胎压表、胎纹深度尺、气源、抹布。
(2)卡罗拉轿车维修手册。
(3)计算机四轮定位仪(以百斯巴特为例)举升机、空气压缩机转角盘、制动杆。
依据5S原则,将本任务所需要的工具从工具箱中清理出来,放在工具车上,如图8-11所示。

### 引导问题6 如何对车轮定位进行检测?

阅读车轮定位仪说明书,掌握其使用方法,如图8-12所示。

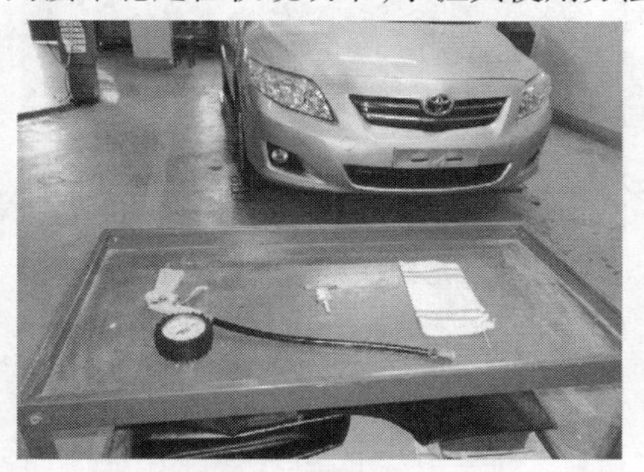

图8-11 工具

图8-12 四轮定位仪

#### 1 车辆停置状况

(1)车辆停置在专用检测平台上(举升机上),如图8-13所示。

图8-13 检测平台

(2)转向轮居中放置在两转角盘上,转角盘和后滑板的固定销都插好,如图8-14、图8-15所示。

(3)车轮在直线行驶位置(转向盘居中)如图8-16所示。

(4)车辆无负载(拉紧驻车制动)如图8-17所示。

(5)分别压车身的前部和后部,使车辆的悬架回弹至正常位置。如图8-18、图8-19所示。

图 8-14　转向轮居中放置

图 8-15　固定销插好

图 8-16　转向盘居中

图 8-17　拉驻车制动

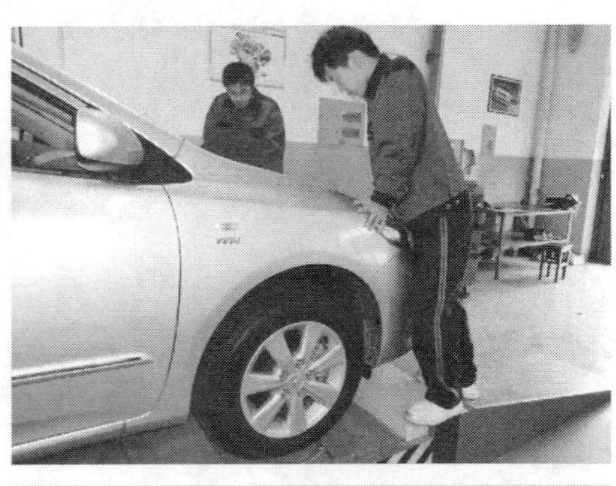

图 8-18　压前车身

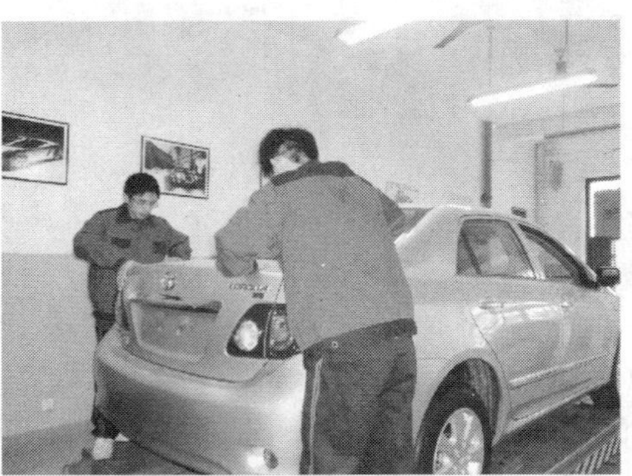

图 8-19　压后车身

## 2 车轮检查

(1)用气压表检查轮胎充气压力应符合标准值。如图 8-20 所示。

(2)察看四个轮胎轮辋有无变形、裂纹,轮胎应无明显的异常磨损。如图 8-21 所示。

(3)用胎纹深度尺测量四个轮胎尺寸无大的差别。如图 8-22 所示。

(4)轮胎动平衡是正常的。

## 3 安装卡具

(1)根据车轮尺寸对卡具进行调整。如图8-23所示。

图8-20 检查轮胎气压

图8-21 检查轮辋、轮胎

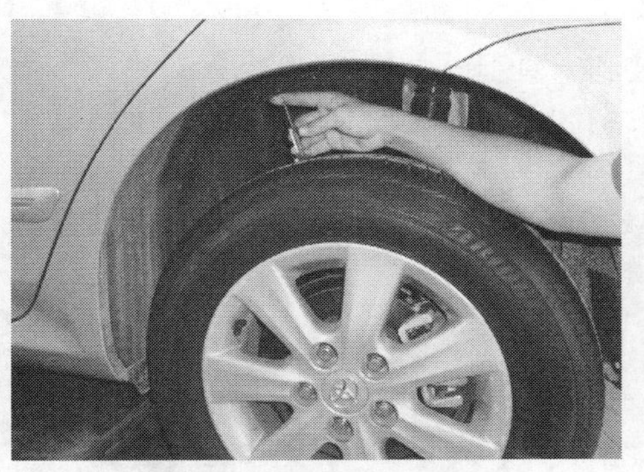
图8-22 测量胎纹深度

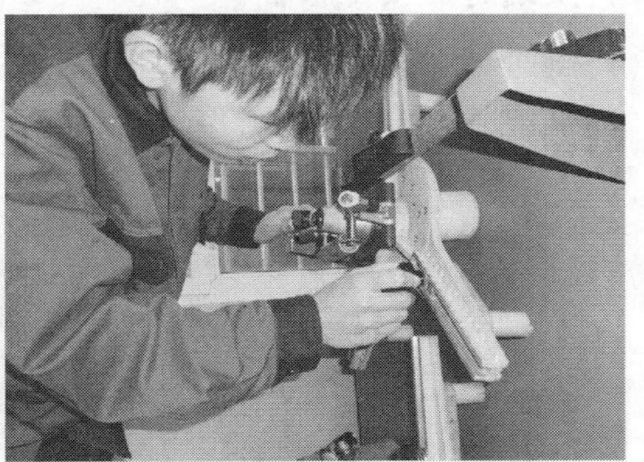
图8-23 调整卡具

(2)调整下方两个尼龙爪的位置和卡臂的伸出长度。将两个尼龙爪顶在轮辋的凸起的外沿,如图8-24所示。

(3)松开上方尼龙爪的旋钮,调整它的位置,使之也顶在轮辋的凸起的外沿,然后再拧紧旋钮。如图8-25所示。

图8-24 调下方两个尼龙爪在正确位置

图8-25 调上方尼龙爪在正确位置

(4)用两手同时推动卡具上的活动杆,使卡臂能够卡在胎纹内,如图8-26所示,然后挂上安全钩,如图8-27所示,检查卡具是否安装牢固。

图8-26　推动卡具上的活动杆

图8-27　卡具安装牢固

## 4 安装定位仪传感器

(1)将四个传感器按照对应车轮的位置安装到卡具上。如图8-28所示。

(2)连接通信电缆。如图8-29所示。

图8-28　安装传感器

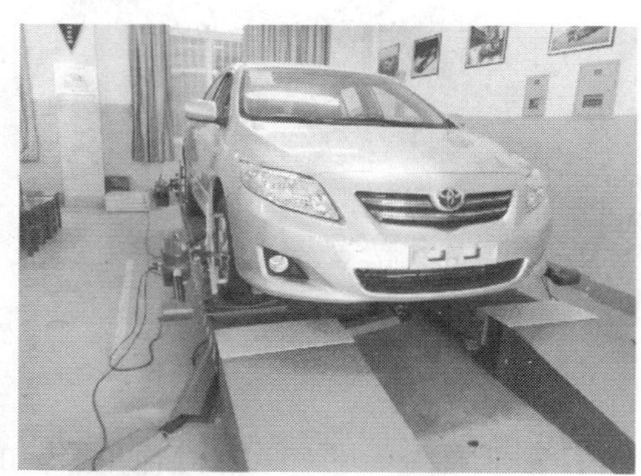

图8-29　连接通信电缆

**注意:**对好标记后,再直接插入。

(3)拔掉转角盘和后滑板上的固定销。如图8-30所示。将车辆举升后落到举升机最低一格的安全锁止位置,以保证举升平台处在水平状态,如图8-31所示。

(4)开启传感器电源,传感器上的电源指示灯亮,按R键或相应的位置键激活各个传感器,如图8-32所示。

(5)把传感器调水平后拧紧固定旋钮,水平气泡大致处在中央的位置。如图8-33所示。

## 5 操作定位仪

(1)开机之后,等待测量程序的初始状态出现,再进行下一步的操作,如图8-34所示。

(2)按 F3 键可前进到下一步。屏幕上出现"TEST",表示程序开始测量步骤。

(3)测量前的准备工作,包括输入登记表格,选择车型和偏位补偿,如图 8-35 所示。

图 8-30　拔掉固定销

图 8-31　车辆举升至安全位置

图 8-32　按 R 键激活传感器

图 8-33　气泡居中

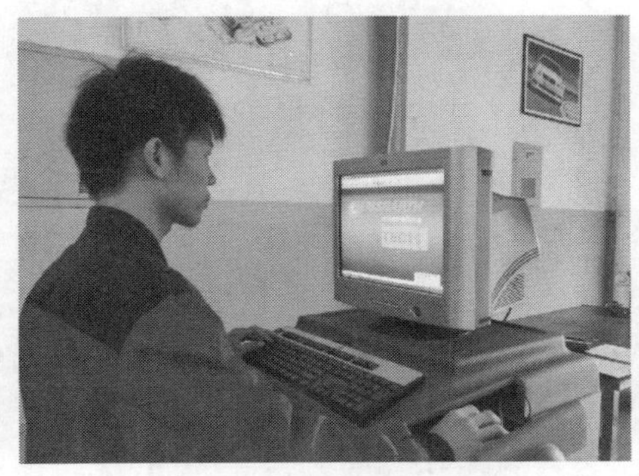

图 8-34　等待测量程序出现

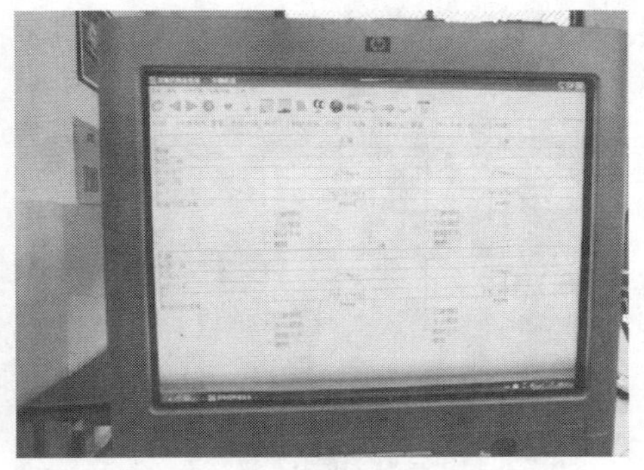

图 8-35　输入相关参数

(4)填完表格之后,按 F3 键进入车型选择界面,选择被测车型。

(5)偏位补偿:使用四点式补偿测量法,在做测量中,按定位仪计算机上的提示将车轮旋转 1/4 周,提取一个点参数,再旋转 1/4 周,再提取一个点参数,一个车轮共提取四个点。如图 8-36 ~ 图 8-40 所示。

(6)降下汽车落至转角盘,按计算机提示调传感器水平仪至中间位置,如图 8-41 所示。

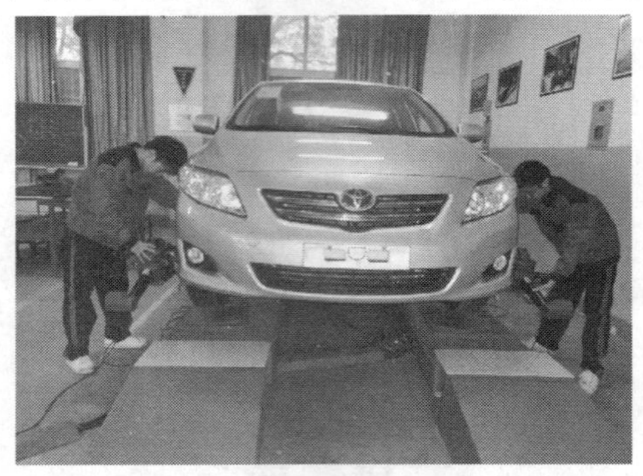

图 8-36　将车轮旋转 1/4 周

图 8-37　提取一个点参数

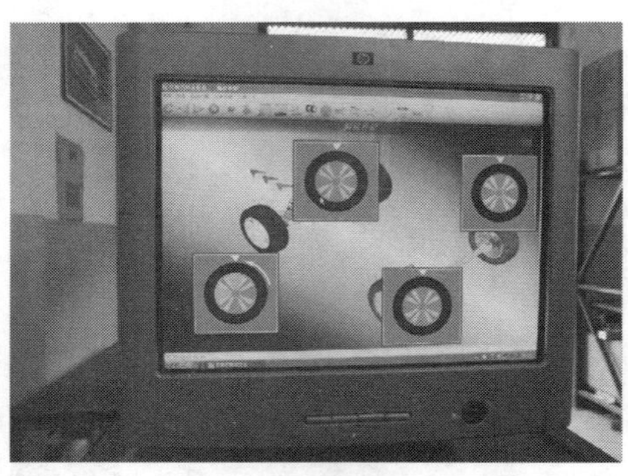

图 8-38　按计算机上的提示,前轮分别提取点参数

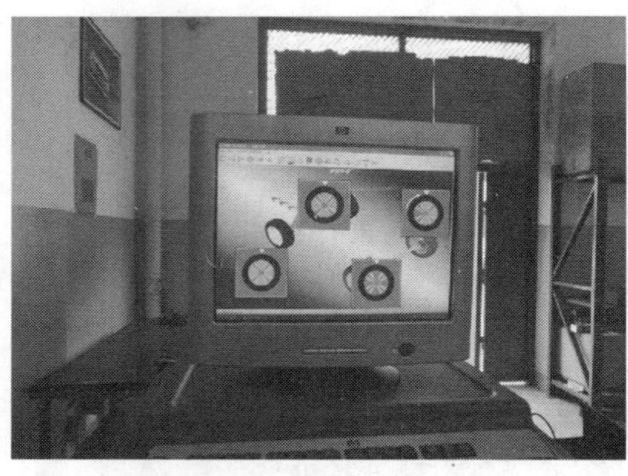

图 8-39　后轮可以同时提取点参数

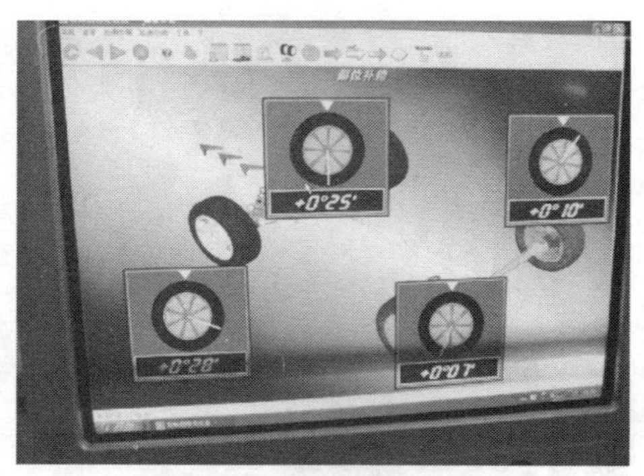


图 8-40　显示偏位补偿

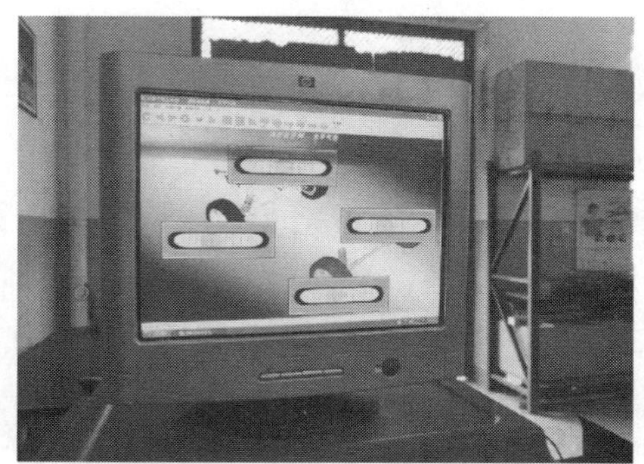

图 8-41　调传感器水平仪居中

## 6 检测定位参数

(1)安装好定位仪设备附带的制动锁。如图 8-42 所示。

(2)开始检测。根据显示屏上出现的转向盘对准提示图案进行(转动转向盘),如图 8-43所示。最好是将箭头对准绿色区域的中间黑线处,如图 8-44 所示。

(3)转动转向盘的顺序为:先对准(见上步骤),检测后轴定位参数。然后向右转 20°,如图 8-45 所示。再向左转 20°,如图 8-46 所示。检测前轴主销后倾角、主销内倾角;接着对准,检测车轮外倾角、前轮前束值。

(4)在做完测量后,定位仪将显示汽车测量的数据列表,可以看到被测汽车所有的数据,然后再与原厂的数据相比较,再对汽车相关的部位进行恰当的调节,如图 8-47 所示。

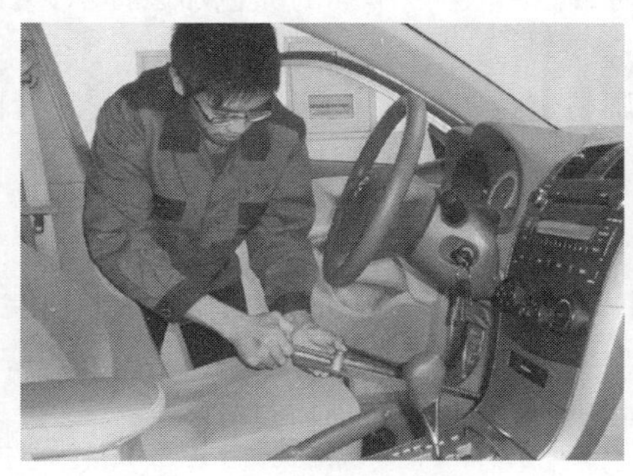

图 8-42　安装制动锁

图 8-43　按提示转动转向盘

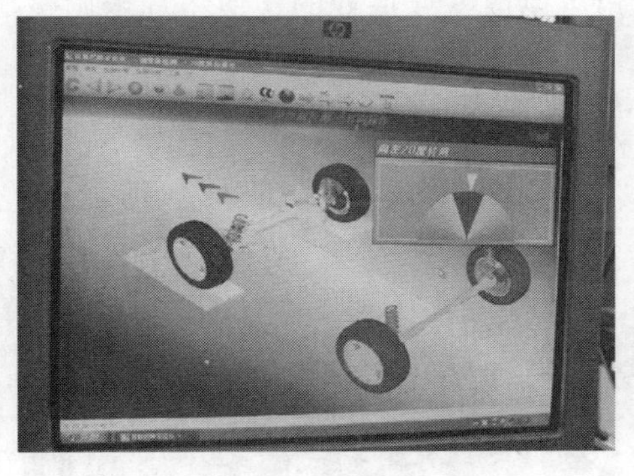

图 8-44　箭头对准绿色区域的中间

图 8-45　向右转 20°

图 8-46　向左转 20°

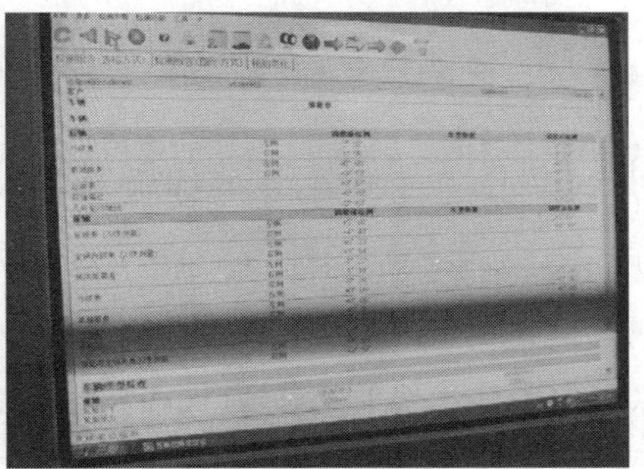

图 8-47　检测值

## 引导问题 7 如何排除故障?

### 1 定位参数评判

(1)根据屏幕上面显示的数据,如有不合格时,计算机会以不同的颜色加以提示,可以发现需要调整的车轮定位参数,或更换相关零件。

(2)目前,在四轮计算机定位仪上可以直接调整定位参数,松开需要调整部位的紧固螺栓,调整相关部件,定位仪显示合格后,就可以紧固调整时松开的螺栓。

### 2 定位参数的调整顺序

定位参数的调整顺序为:后轮外倾角、后轮前束、前轮主销后倾角、前轮外倾角、前轮前束。

### 3 定位参数的调整方法

#### 1 后轮外倾角的调整

(1)对于双横臂后悬架,后轮外倾角可以改变下横臂的长短来调整,如图 8-48 所示。

(2)对于后悬架轮毂与后轴连接,后轮外倾角可以改变连接处的楔形垫片来调整,如图 8-49所示。

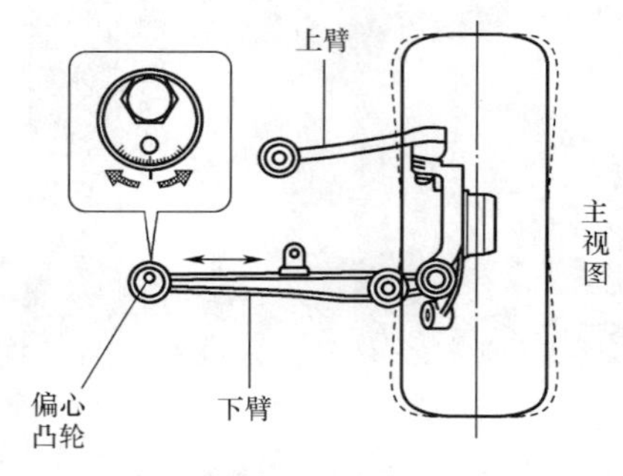


图 8-48 双横臂后悬架的外倾角调整

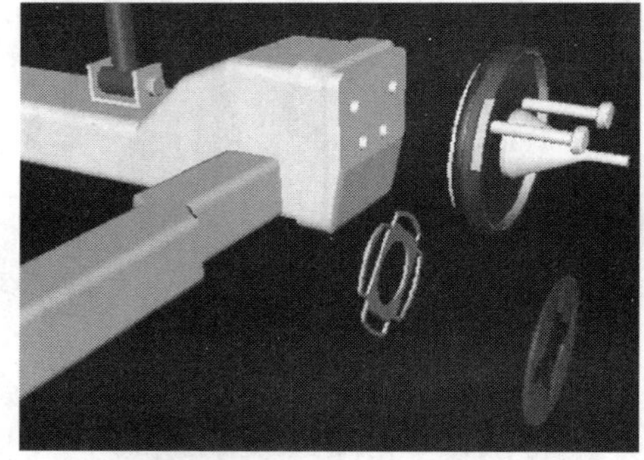

图 8-49 轮毂与后轴连接的外倾角调整

#### 2 后轮前束的调整

(1)对于双横臂后悬架,后轮前束可以改变下摆臂后拉杆的长短来调整,如图 8-50 所示。

(2)对于后悬架轮毂与后轴连接,后轮前束也可以改变连接处的楔形垫片来调整,如图 8-49所示。

#### 3 前轮主销后倾角的调整

(1)移动前悬架上支点,若设计有上支点移动的,可以改变上支点的位置来调整主销后倾角,如图 8-51 所示。

(2)移动前悬架下支点,若设计有下支点移动的,可以改变下支点的位置来调整主销后倾角,如图 8-52、图 8-53 所示。

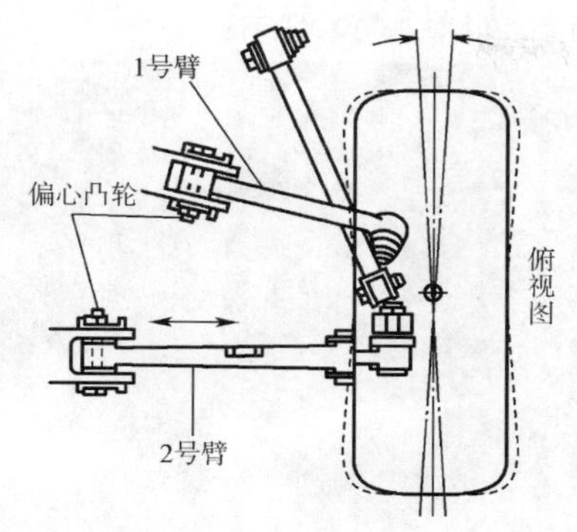


图 8-50　双横臂后悬架的前束调整

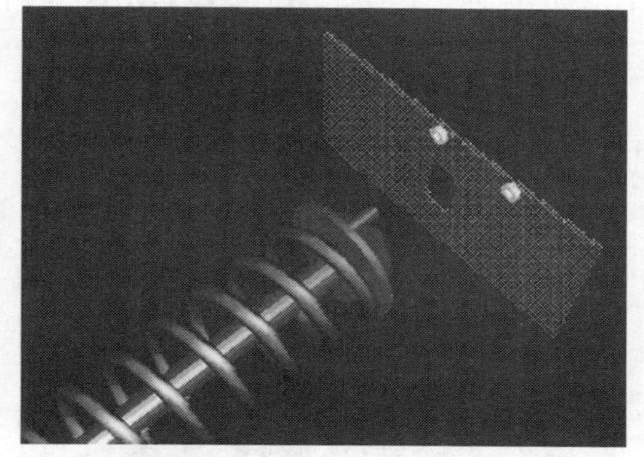

图 8-51　移动上支点

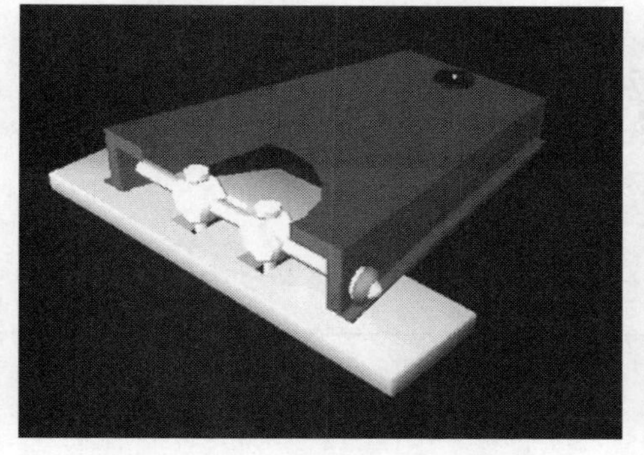

图 8-52　松开下支点紧固螺栓

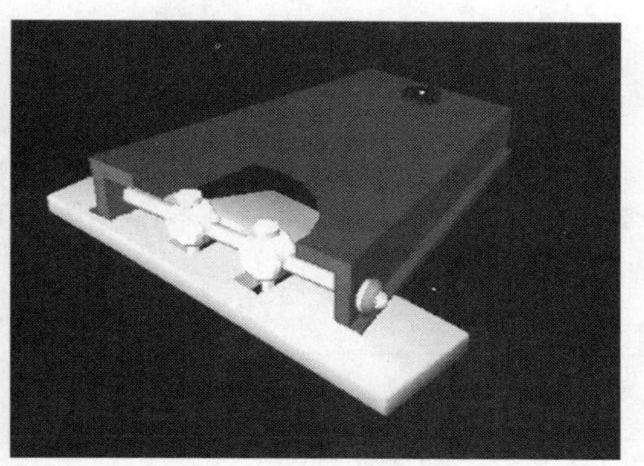

图 8-53　移动下支点、紧固螺栓

## 4 前轮外倾角的调整

前轮外倾角的调整如图 8-54 所示。

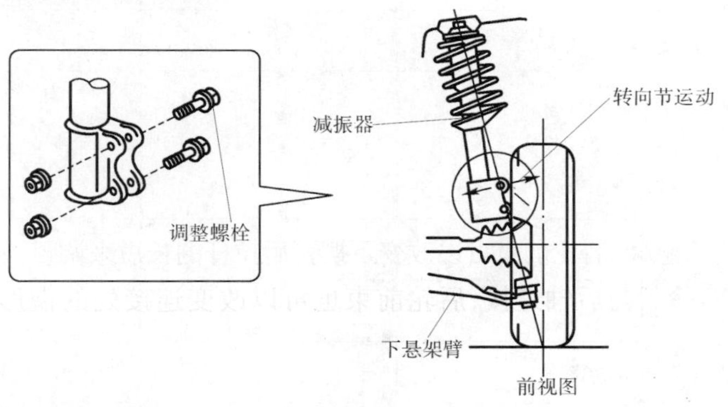


图 8-54　前轮外倾角的调整

## 5 前轮前束的调整

(1)对于非独立悬架,可以改变横拉杆的长短来调整,如图 8-55 所示。

(2)对于独立悬架,可以改变两边的横拉杆来调整,如图8-56所示。

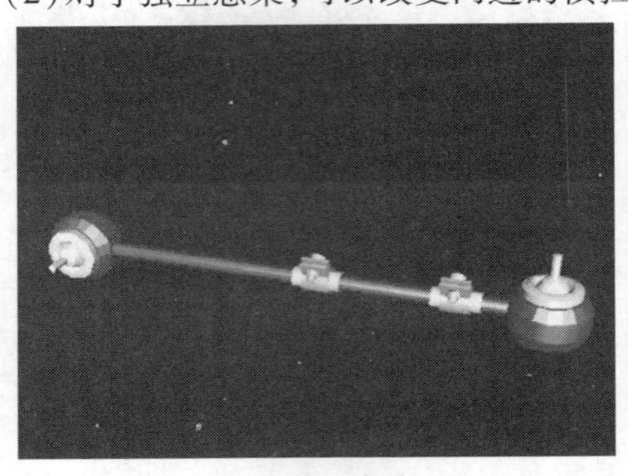

图8-55　非独立悬架的前轮前束调整

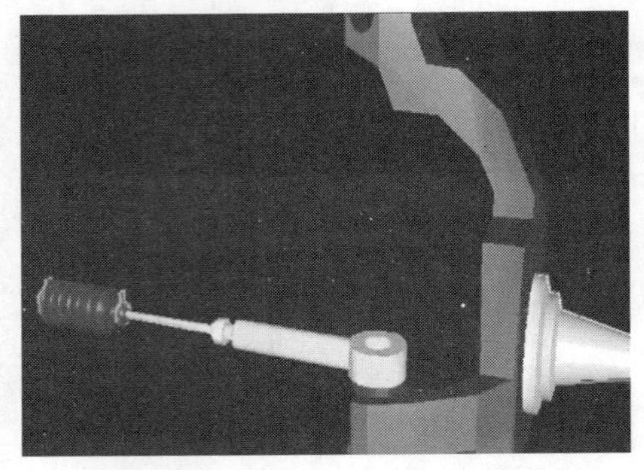

图8-56　独立悬架前轮前束的调整



## 三、评价反馈

1.对本学习任务进行评价:各小组人员对学习本学习任务时的表现情况依据评分表进行评价,见表8-1。

评　分　表　　　　表8-1

| 考核项目 | 评分标准 | 分　数 | 学生自评 | 小组评价 | 教师评价 | 小　计 |
|---|---|---|---|---|---|---|
| 团队合作 | 是否和谐 | 5 | | | | |
| 活动参与 | 是否主动 | 5 | | | | |
| 安全生产 | 有无安全隐患 | 10 | | | | |
| 现场5S | 是否做到 | 10 | | | | |
| 任务方案 | 是否合理 | 15 | | | | |
| 操作过程 | 1. 作业前的准备;<br>2. 四轮定位的检测;<br>3. 行驶跑偏的故障排除 | 30 | | | | |
| 任务完成情况 | 是否圆满完成 | 5 | | | | |
| 操作过程 | 是否标准规范 | 10 | | | | |
| 劳动纪律 | 是否严格遵守 | 5 | | | | |
| 工单填写 | 是否完整、规范 | 5 | | | | |
| 总　分 | | 100 | | | | |
| 教师签名 | | | | 得　分 | | |

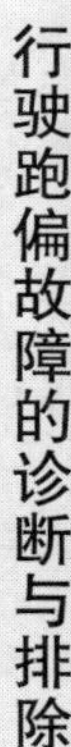



2. 在实施作业的过程中是否存在一些安全隐患？请找出容易忽视的地方。

3. 口述本次操作维护的流程。

## 四、学习拓展

1. 查阅资料，说明卡罗拉轿车、桑塔纳轿车的四轮定位参数分别是多少？

2. 调整前轮主销外倾角时，会对前轮外倾角有何影响？

3. 定位参数调整后，如何进行道路试验并判断汽车行驶状况？

# 参考文献

[1] 杨海泉.汽车故障诊断与检测技术[M].北京:人民交通出版社,2004.

[2] 王家青,孟华霞,陆志琴.汽车底盘构造与维修[M].北京:人民交通出版社,2011.

[3] 刘付,金文.汽车悬架与转向系统维修工作页[M].北京:人民交通出版社,2008.

[4] 陈峰,步渊.东风雪铁龙爱丽舍轿车维修手册[M].北京:人民交通出版社.2003.